図解でわかる 経営戦略のしくみと活用法

野上眞一

アニモ出版

はじめに

ひと口に「経営戦略」といっても、さまざまなレベルのものがあります。また、私たちの日常の仕事や生活には、まったくといっていいほど縁がないものなので、なじみが薄いことも事実です。

小規模な会社を経営する方、これから起業する方、すでに起業した方などには、経営戦略は必要な知識と思っても、なかなか近づきがたいところがあるのではないでしょうか。

そこでこの本では、主な経営戦略の手法をレベルごとにまとめ、一望できるようにしました。さまざまある経営戦略の全体を、わかりやすく、しかし幅広くポイントを押さえられるように説明しています。

経営戦略のなかには、非常に高度な知識を要するものもありますが、ふだんの仕事や生活には縁がないものであることも考えて、常識の範囲で理解できるようにしています。

ですからこの本は、次のような方に読んでいただきたい本です。

- 小規模な会社を経営する方
- これから起業する方、すでに起業した方
- 会社の経営について知っておきたい方
- 経営について学ぼうとしている方
- 経営に関する資格取得をめざしている方や経営学部等の学生さん

この本で得た経営戦略についての知識が、読者のみなさんのお仕事などに、直接・間接に役立つことを願っています。

2024年１月　　　　野上 眞一

図解でわかる経営戦略のしくみと活用法

もくじ

1章 会社の内外の環境を分析する ——環境分析の手法

2章 経営戦略は企業戦略の立案から——全社戦略の手法

3章 事業単位の経営戦略を立案する——事業戦略の手法

4章 会社の機能別の戦略を立案する ——機能戦略の手法

5章 経営戦略を実行に移す ——管理と評価の手法

カバーデザイン◎水野敬一
本文ＤＴＰ＆図版◎伊藤加寿美（一企画）

経営戦略とはどういうものか
——経営戦略の基本

企業経営になぜ戦略が
必要になるのでしょう
か？

01

なぜ会社に経営戦略が必要なのか
——経営戦略とは

経営戦略は目的を達成するための大方針

「**経営戦略**」とは、企業や事業の目的を達成するための大方針のことです。企業が事業を続け、成長していくためには、進むべき方向が明確に示される必要があります。その方向性を指し示すのが経営戦略です。

「戦」という文字が入っていることからもわかるように、戦略ということばはもともと、軍事の用語でした。

この用語を経営にとり入れたのは、アメリカの経営史学者アルフレッド・チャンドラーとされています。チャンドラーは、アメリカ経営史の草分けといわれる人です。

戦略という用語が経営にとり入れられたのは、企業の経営に戦い、競争の要素があるからです。

「戦略経営の父」と呼ばれ、「アンゾフの成長マトリクス」で有名なアメリカの経営学者、イゴール・アンゾフ（☞64ページ）は、著書『戦略経営論』のなかで、市場における競合という概念を用いて、経営戦略の重要性を説いています。

戦略経営とは、戦略にもとづいて行なう経営の手法のことです。

経営戦略が経営の目的を実現する

経営戦略が、経営のなかでどう位置づけられるかは、いろいろな「経営○○」と比較してみるとわかりやすいでしょう。

「**経営戦術**」は、経営戦略という大方針を実現するための、より具体的な方法のことをいいます。経営戦略が大局的に、戦いや競争の全体を見るのに対し、局地的に、戦いや競争に勝つ方法を示すも

経営戦略は経営理念を実現する大方針

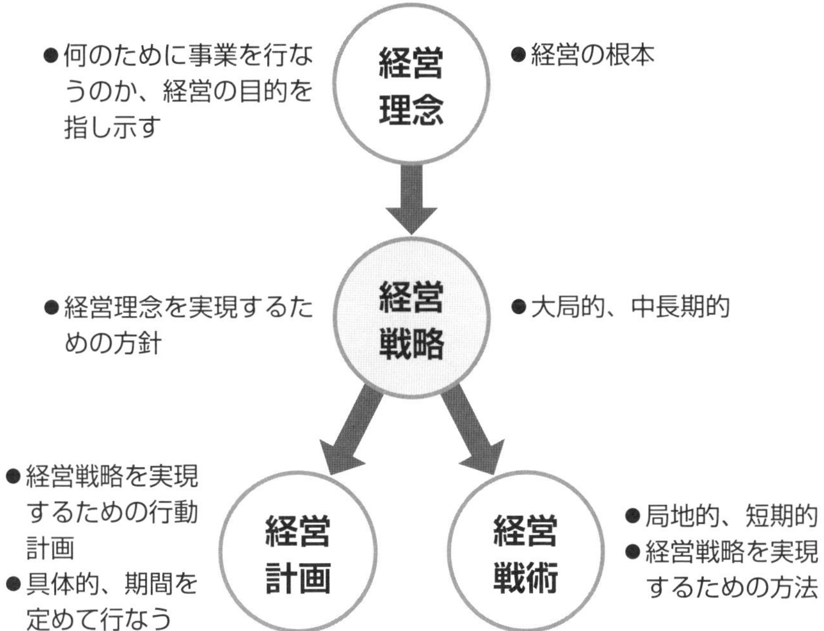
経営理念
●何のために事業を行なうのか、経営の目的を指し示す
●経営の根本
経営戦略
●経営理念を実現するための方針
●大局的、中長期的
経営計画
●経営戦略を実現するための行動計画
●具体的、期間を定めて行なう
経営戦術
●局地的、短期的
●経営戦略を実現するための方法

のです。

ですから、経営戦略が中長期的なスパンで考えられるのに対し、経営戦術は比較的、短期的なものになります。

「**経営計画**」はさらに具体的に、一定の期間を区切り、数値なども入れて、経営戦略を実現するための行動計画、ロードマップを描くものです。

しかし、経営戦略は、経営の目的自体を指し示すことはできません。その企業が何のために事業を行なっていくのか、将来どのような会社になりたいのか、そのような経営の目的を指し示すのが「**経営理念**」です（☞18ページ）。経営理念は、経営の根本といえます。

経営戦略は、その経営理念に示された経営のそもそもの目的を実現するために、会社がどの方向に進めばよいか，その方針を示すものなのです。

02

戦略は全社・事業単位・機能別に立てる
——経営戦略の３つのレベル

会社の成長やそのための資源配分を考える「全社戦略」

経営戦略とひとくくりにいいますが、会社の経営戦略はひとつではありません。右の図のように、最低でも３つのレベルの経営戦略が必要になります。

まず、会社全体として、どのような方針で経営を進めていくのか、そのために経営資源をどう配分するか、などを考えるのが「**全社戦略**」です。

企業は、将来にわたって存続し、成長を続けなければなりません。その、会社が成長していくための大方針が全社戦略です。ですから、全社戦略は「**成長戦略**」ともいえます。

事業の競争優位性を考える「事業戦略」

次に、会社の個々の事業をどう進めるのかを考えるのが「**事業戦略**」です。

事業には、たいていの場合、競合がいますから、戦い、競争の要素があります。そこで主に、競争優位性（☞36ページ）をどうつくり出していくかを考えるのが事業戦略です。事業戦略は「**競争戦略**」ともいえます。

ですから、会社の事業がひとつだけの場合でも、成長戦略とは別に、事業戦略を立てることが必要です。

生産、販売などの機能別に考える「機能戦略」

さらに、会社の生産の機能に対する「**生産戦略**」、販売の機能に対する「**販売戦略**」なども必要になります。これらの総称が「**機能戦略**」です。右の図にあげたような機能戦略があります。

経営戦略には3つのレベルがある

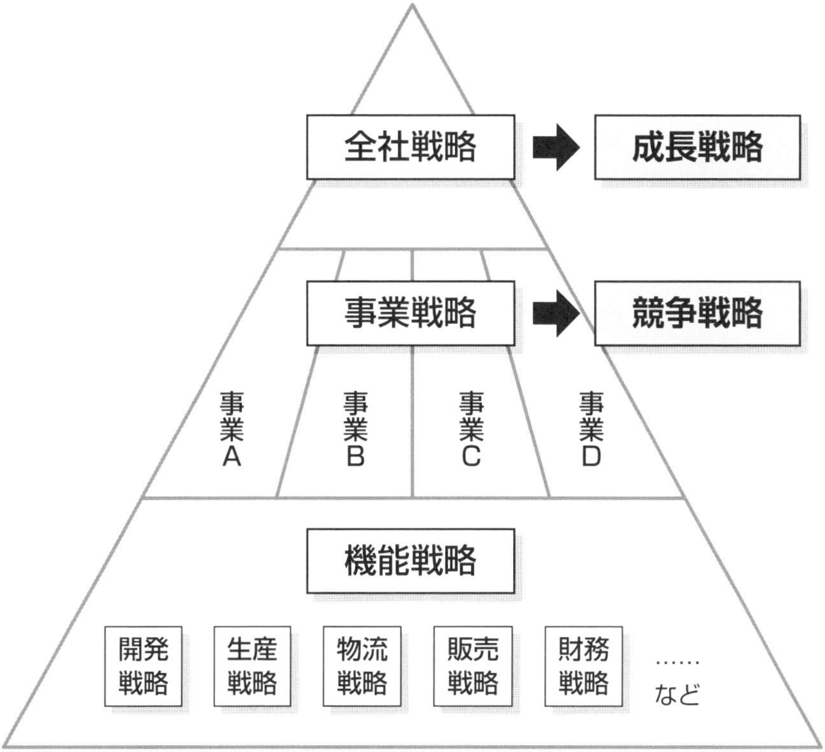

図には収まりませんでしたが、「**マーケティング戦略**」「**人事戦略**」なども重要な機能戦略です。

経営戦略は、以上のような3つのレベルで構成されます。

ここで重要なことは、全社戦略と事業戦略、全社戦略・事業戦略と機能戦略が整合していることです。どんなに効果的な戦略でも、そもそもの大方針に反したのでは、意味がないし、戦略として機能しません。

そして、経営戦略は全体として、経営理念を実現するためのものだということも、忘れてはならないでしょう（☞次項）。

03

戦略の立案はどこから始めればよいか ——経営戦略と経営理念

ミッションとは、ビジョンとは

経営戦略はそもそも、経営理念を実現するための方針です。では、経営理念とはどういうものでしょうか。

経営理念とは、その会社が何のために事業を行なっていくのか、将来どのような会社でありたいかといったことを、明文化したものです。

何を書かなければならないという決まりはありませんが、最も基本的な内容として「ミッション」と「ビジョン」があります。**ミッション**は会社の使命という意味で、会社が何のために事業を行なっていくのかをあらわすものです。

ビジョンは、会社の未来図のようなもので、将来、会社がどうありたいかを書き出します。「**経営ビジョン**」ともいいます。

もちろん、表現のしかたに決まりはないので、会社により形はさまざまです。「経営理念」として、ミッションとビジョンを書く会社もあるし、「ミッション」「ビジョン」などと分けて、それぞれを書き出す会社もあります。

この本では、ミッションとビジョンを合わせて「経営理念」と呼ぶことにします。

経営理念から経営戦略、経営計画へ

経営理念は、すべてのスタート地点として重要なものですが、どうしたら実現できるかについては書かれていません。そこで、まず経営理念を実現するための大方針を決めます。これが経営戦略、とくに全社戦略です。

そして、全社戦略と整合するように事業戦略を定め、全社戦略・

経営理念と経営戦略、経営計画の関係

経営理念
ミッション
会社が事業を行なう価値観
経営ビジョン
ミッションを具体化した会社の将来像
経営戦略
経営理念を実現するための大方針
経営計画
経営戦略を実現するための行動計画

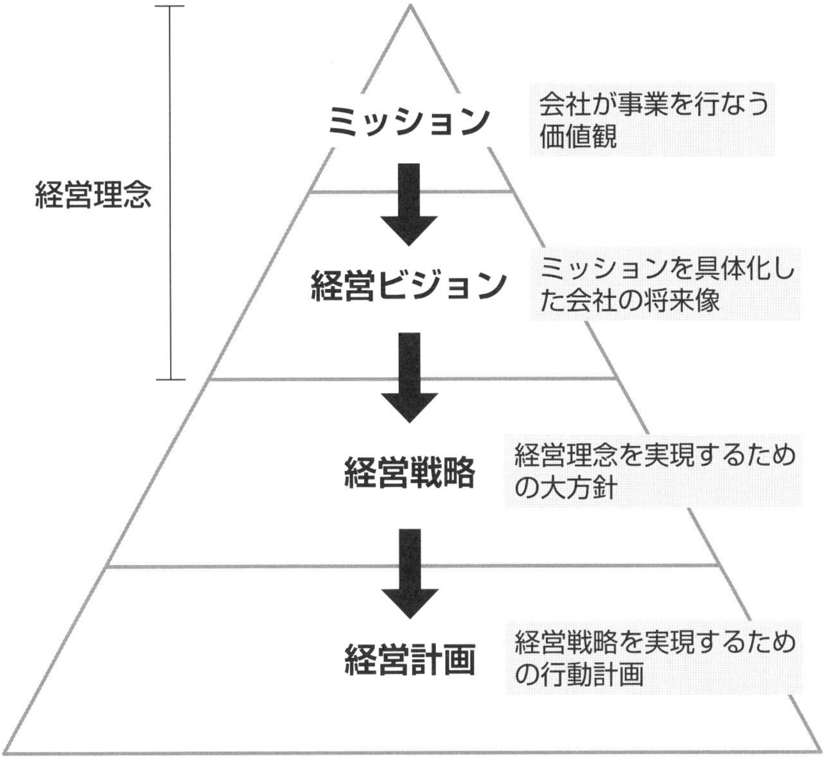

事業戦略と整合するように機能戦略を策定します。

しかし、経営戦略は方針ですから、具体的に何をどうするかまでは定めていません。そこで、具体的な方法として経営戦術を検討します。

また、経営戦略を実現するためのロードマップとして、より具体的な行動計画を策定します。それが「**経営計画**」です。

経営計画には、数値や期間が示されていますから、経営計画を策定することによって、経営者も従業員も、いつまでに何をすればよいか、具体的に把握することができます。経営戦略の実現に向けて、具体的な行動がとれるようになるわけです。

04

戦略立案の前にまずは分析
——戦略立案のプロセス

戦略立案のプロセスではまず環境分析を行なう

経営戦略の策定は、必ずこうするという決まりはありませんが、一般的なプロセスは右の図のようになります。各プロセスでそのつど結果を検証し、必要ならひとつ前のプロセスに戻るような着実さも大切です。

前項で見たとおり、経営戦略は経営理念からスタートします。経営戦略は、経営理念を実現するためのものです。

次に、重要なのは戦略の立案に入る前に「**環境分析**」(☞24ページ)を行なうことです。現状を正確に把握しなければ、的確な経営戦略を立案することはできません。

外部環境分析と内部環境分析を行ない、外部環境の機会と脅威、内部環境の強みと弱みを明確にします(☞25ページ)。2章で見るように、さまざまな分析の手法が開発されています。

環境分析の結果から、戦略の立案に入りますが、ほとんどの場合、導き出される戦略はひとつではありません。この段階では、ムリにひとつに絞り込まずに、複数の戦略オプションを用意するようにします。

評価はフィードバックして次に役立てる

戦略オプションを出しつくしたら、そのなかから最も的確な戦略を選択します。選択の基準になる要素は、予想される結果やリスク、必要な経営資源の質と量、戦略実行の難易度などです。戦略オプションごとに、これらを検討して絞り込んでいきます。

経営戦略を立案するプロセス

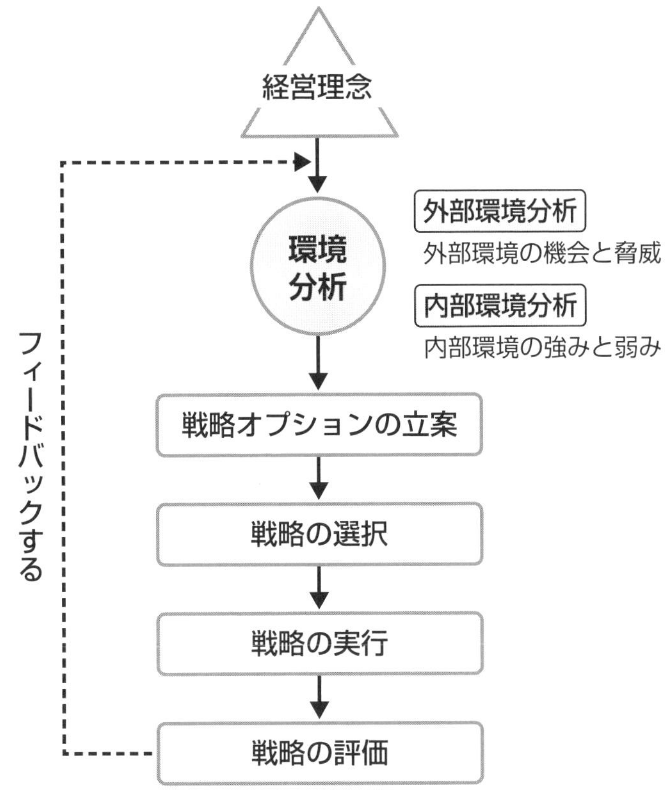

戦略の選択ができたら、「ＫＰＩ」(重要業績評価指標☞166ページ)など評価のための指標を設定し、戦略実行の途中でも、進捗がチェックできるようにすることが大切です。

あらかじめ設定した期間が経過したら、目標とした効果があがったか、確認して評価します。効果が出ていないときは、原因を追究し、戦略や戦術を修正することが必要です。

一定の効果があがっていても、評価はフィードバックし、次の戦略策定に役立てます。ＰＤＣＡ（プラン・ドゥ・チェック・アクション）のサイクルを回すわけです（☞170ページ）。

「事業部」が置かれている場合の戦略は

会社が事業部制をとっていた場合、全社戦略と事業戦略の間に「**事業部戦略**」が置かれることになります。

「事業部」とは、本社部門の下に置かれる組織で、基本的には、それぞれに製造や販売などの経営機能をもつ組織形態です。日本でも、上場企業の大半で採用されています。

事業部には、事業計画の策定や管理、購買から販売まで、大きな権限が委譲されます。そのため、それぞれの事業に必要な意思決定や施策を、よりスピーディに行なうことができるところがメリットです。

ただし、各事業部がそれぞれに経営機能をもつなど、非効率な面もあります。

それを避けるため、製造・販売・人事・経理といった経営機能を事業部には置かず、事業部を横断して、全社で共有する事業部制も一般的です。

事業部制で行なわれる権限の委譲を、さらに広範囲に行なうのが「**カンパニー制**」です。

カンパニー制はあくまでも社内制度ですが、会計上は独立した組織として扱われ、資本金や借入金も擬似的に、カンパニーごとに区分されます。

カンパニー制では、全社戦略レベルの戦略策定が求められるといえるでしょう。

1章

会社の内外の環境を分析する
——環境分析の手法

経営戦略は分析する
ことから始まります。

05

「環境分析」とは何をすることか
——外部環境と内部環境

外部環境分析と内部環境分析がある

経営戦略は、分析から始まります。何を分析するかというと、企業が事業を行なう経営環境です。的確な経営戦略の立案・実施のためには、経営環境の分析が欠かせません。

経営環境には、企業をとり巻く外部の環境と、企業内部の環境があります。外部の環境とは、社会の情勢や業界の状況などのことです。内部の環境は、会社の事業活動や経営資源などを指します。それぞれの分析をするのが「**外部環境分析**」「**内部環境分析**」です。

外部環境にはマクロ環境とミクロ環境がある

外部環境にはさらに、「**マクロ環境**」と「**ミクロ環境**」の２つがあります。

マクロ環境とは、企業が自身の力ではどうすることもできない環境のことです。たとえば、政府の政策や景気の動向などがあげられます。マクロ環境分析の代表的な手法が、「ＰＥＳＴ分析」です(☞26ページ)。

一方、ミクロ環境は、企業がある程度、自身の力でコントロールできる環境をいいます。たとえば、顧客の行動とか、競合他社との競争などは、企業がマーケティングなどによってある程度、コントロールできるのでミクロ環境です。

ミクロ環境分析の代表的な手法としては、「５Ｆ分析」(☞30ページ)や「ＧＣＳ分析」などがあります（ミクロ環境分析を行なう際は、便宜的に業界内をミクロ環境と考えて、環境分析を行なうことがあります)。

外部環境分析とは？　内部環境分析とは？

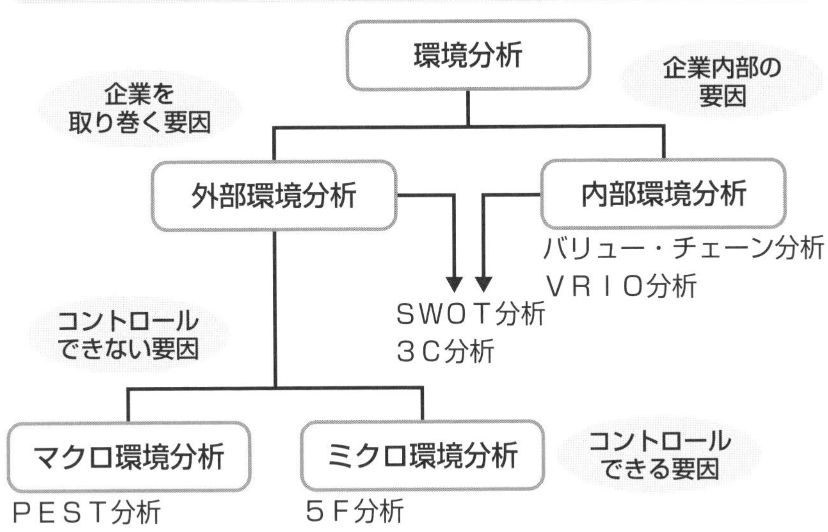

外部と内部、両方の環境を分析する手法も

外部環境分析に対して、社内の経営環境を分析するのが内部環境分析です。会社内部の事業活動の面から分析する手法として「バリュー・チェーン分析」（☞34ページ）や、経営資源の側面から見る手法として「ＶＲＩＯ分析」（☞44ページ）などがあります。

そして、外部環境と内部環境の両方を分析する手法の代表的なものが、「ＳＷＯＴ分析」です。会社外部の「機会」と「脅威」、会社内部の「強み」と「弱み」を分析します（☞50ページ）。

また、「３Ｃ分析」も、外部環境の顧客分析と競合分析、内部環境の自社分析を行なう手法として有名です（☞56ページ）。

以上のような分析手法は、単独で利用することもありますが、たとえば、ＳＷＯＴ分析の外部環境分析にＰＥＳＴ分析を利用するといった使い方もされます。

06

外部環境の「マクロ環境分析」から始めよう
——ＰＥＳＴ分析①

「政治・経済・社会・技術」の環境要因を分析する

環境分析のうちでも、外部環境のマクロ環境分析はわかりやすいものです。ここから分析手法の話を始めましょう。

前項のおさらいになりますが、マクロ環境とは、企業が自身の力ではどうすることもできない環境のことです。

マクロ環境を分析する手法の代表的なものに「**ＰＥＳＴ分析**」があります。Ｐ・Ｅ・Ｓ・Ｔは右の図のように、それぞれ、政治・経済・社会・技術の英単語の頭文字で、この４つの環境要因を分析するものです。

「マーケティングの神様」といわれるアメリカの経営学者、フィリップ・コトラーが提唱しました。ちなみに、ＰＥＳＴは「ペスト」と読みます。

マクロ環境は広範囲にわたるものですが、Ｐ・Ｅ・Ｓ・Ｔに分類することにより、範囲を効率的に絞ることができ、かつ、モレなくチェックすることが可能です。

ＰＥＳＴ分析はどのような方法で進めるか

ＰＥＳＴ分析は、次のような手順で進めます。

①分析する環境要因の対象を決める
②情報を収集して、Ｐ・Ｅ・Ｓ・Ｔに分類する
③分類した環境要因が「事実」か「解釈」か検証する
④事実を「機会」と「脅威」に分ける
⑤機会と脅威を戦略や施策に落とし込む

ＰＥＳＴ分析とはどういうものか？

Politics／政治的要因

政治、法律、税制、国際情勢　など

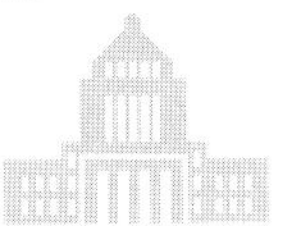

Economy／経済的要因

景気、物価、為替、株価、金利　など

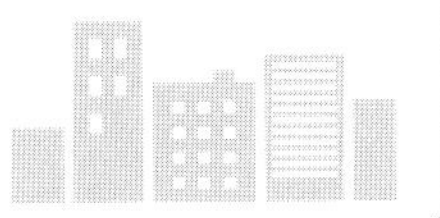

Society／社会的要因

人口動態、流行、世論、自然環境　など

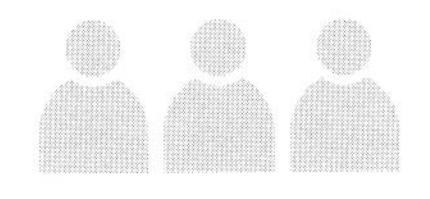

Technology／技術的要因

新技術の普及度、技術革新、特許　など

最初に対象を決めるのは、たとえば自社の外部環境、業界の外部環境、関連する業界も含めた外部環境では、分析の範囲も分析の結果も変わるからです。分析を行なう目的に合わせて、適切な対象を決める必要があります。

②のＰ・Ｅ・Ｓ・Ｔの分類については、次の項で少し詳しく見ることにしましょう。

③で情報を「事実」と「解釈」に分けるのは、情報にはしばしば、発信した人の個人的な解釈が混じるためです。たとえば「物価高による買い控えで、自社の売上が減少している」という情報があったとして、物価高と売上の減少は事実と確認できます。

しかし、売上減少が本当に、物価高による買い控えのためなのか、もっと構造的な問題によるものではないのかは、データなどから検証が必要です（以下、次項に続く）。

MEMO　フィリップ・コトラー（1931-）：「マーケティングの神様」「近代マーケティングの父」と呼ばれるアメリカの経営学者。

07

４つの環境要因に分類して分析する
——ＰＥＳＴ分析②

「機会」と「脅威」をもとに戦略を立案する

ＰＥＳＴ分析では、収集した情報を事実と解釈に分け、事実だけを分析します。その事実が自社や業界、関連する業界などにとって「機会」なのか、「脅威」なのかを判別するわけです。

機会とは自分たちに有利に働くこと、脅威は不利に働くことですが、より具体的には、売上や利益を上げるようなことが機会、反対に売上や利益を下げるようなことが脅威と考えればよいでしょう。

たとえば、賃金の上昇は一般に消費者のサイフのヒモを緩めるので機会ですが、物価の高騰は一般的に脅威です。

このようにして判別した機会と脅威をもとに、具体的な戦略や施策を立案するわけです。

Ｐ・Ｅ・Ｓ・Ｔに分類する基準は

26ページの②に戻って、Ｐ・Ｅ・Ｓ・Ｔの具体的な分類はどのように行なえばよいでしょうか。右の図にあげたのが、具体的な環境要因の例です。たとえば、Ｐ（政治的要因）なら政権交代や、政策の転換などがあげられます。分類の基準は、次のようなものです。

①Ｐ（政治的要因）

たとえば、法令による規制や規制緩和は、ビジネスのやり方を変えることがあります。企業が競争をする、「市場のルールを変えること」という基準でまとめることができるでしょう。

②Ｅ（経済的要因）

景気や物価などは、製造や販売といった活動を通して自社の売上やコスト、利益に影響を与えます。「自社のバリュー・チェーン（価値連鎖）に影響を与えること」とくくることが可能です。バリュー・

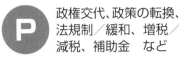

P・E・S・T、4つの環境要因に分類する

P 政権交代、政策の転換、法規制／緩和、増税／減税、補助金　など

法規制など市場のルールを変える要素

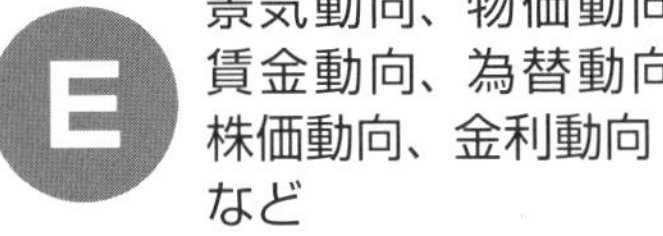

E 景気動向、物価動向、賃金動向、為替動向、株価動向、金利動向　など

景気や物価など価値連鎖に影響を与える要素

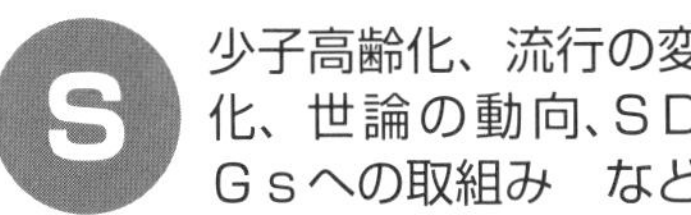

S 少子高齢化、流行の変化、世論の動向、ＳＤＧｓへの取組み　など

人口動態や流行など需要に影響を与える要素

T 自動運転、ブロックチェーン、ビッグデータ、ＡＲ／ＶＲ、生成ＡＩ　など

技術革新など市場競争の成功要因に影響する要素

チェーンについては、後でとりあげます（☞34ページ）。

③Ｓ（社会的要因）

少子高齢化などの大きなトレンド、一時的な流行などは、売れるもの・売れないものを変えます。要するに需要が変わるわけで、「市場の需要に影響を与えること」といえます。

④Ｔ（技術的要因）

新しい技術を開発して成功するスタートアップもあれば、それに乗り遅れて衰退する大企業もあります。「市場の競争で成功する要因に影響を与えること」とまとめることができます。

以上のようにマクロ環境要因を、Ｐ・Ｅ・Ｓ・Ｔの４つに分類すると、企業の事業活動に影響を与える要素のほとんどが含まれるわけです。そこで今日では、マクロ環境分析といえばＰＥＳＴ分析といわれるくらい、代表的なフレームワークになっています。

08

「ミクロ環境分析」は何を分析するのか ——５Ｆ分析①

ミクロ環境に存在する「５つの脅威」とは

マクロ環境分析のＰＥＳＴ分析に対して、ミクロ環境分析の代表的なものに「**５Ｆ分析**」があります。ミクロ環境とは、企業がマーケティングや経営戦略である程度、コントロールできる環境です。

戦略経営の第一人者といわれるアメリカの経営学者、マイケル・ポーターは、企業をとり巻くミクロ環境に存在する脅威を、５つに分類して整理しました。右の図がその「５つの脅威」です。英語で「ファイブ・フォース・モデル」と呼ばれています。

これらは「脅威」ですから、いずれも自社の売上や利益を下げるものです。

５つの脅威で自社の売上や利益が下がる

５つの脅威は、どのようにして自社の売上や利益を下げるのでしょうか。

①業界内の競合（競合他社）

第一はいうまでもなく、競合他社です。競合他社は市場で自社のシェアを奪い、売上を下げます。値下げで対抗したとしても、売上は下がるでしょう。品質の差別化などで対抗すると、コストが増えて利益が下がります。

②新規参入の脅威（新規参入業者）

競合他社は、業界に既存の企業だけとは限りません。業界に新規参入する業者があらわれれば、新しい競合他社となって自社や、既存の競合他社の売上や利益を下げます。

③代替品の脅威（代替品業者）

代替品とは、元の商品やサービスが目的としていたことを、達成

MEMO　マイケル・ポーター（1947-）：アメリカの経営学者。戦略経営の第一人者。著書『競争の戦略』『競争優位の戦略』などが有名。

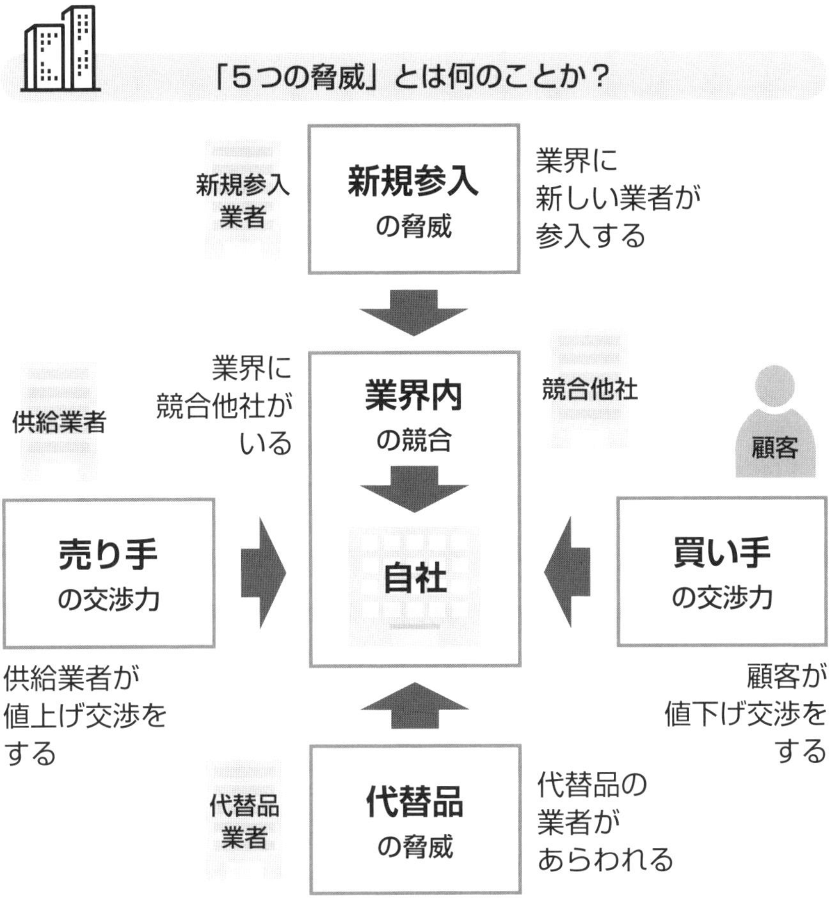

「5つの脅威」とは何のことか？

できる別の商品やサービスのことです。よりコスト・パフォーマンスがよいと、元の商品やサービスは売上や利益を奪われます。

④売り手の交渉力（供給業者）

材料や商品の仕入先に値上げ交渉を求められ、応じるとコスト上昇となって利益が下がります。

⑤買い手の交渉力（顧客）

第五はなんと顧客です。顧客の値下げ交渉に応じると、売上が下がって利益も下がります。値下げ交渉でなくても、顧客がより価格の安い競合他社に流れたりすると、値下げ圧力がかかることでしょう。値下げをすると、売上が下がって利益も下がります。

09

業界内の「５つの脅威」を分析する
——５Ｆ分析②

競合や新規参入・代替品の可能性を分析する

前項で見た５つの脅威を分析するのが「ファイブ・フォース分析」、略して「５Ｆ分析」です。分析項目の例としては、右の図のようなものがあります。

①**業界内の競合**（競合他社についての分析項目）

競合他社の数は、多いほど大きな脅威になります。競争がより激しくなるからです。とくに、シェアを拡大する戦略をとっている競合がいると、シェア争いも激しくなります。

５つに共通して「**スイッチングコスト**」をあげていますが、これは、自社から他社に乗り換える際のコストのことです。機械の買換えが必要になるなど、スイッチングコストが高いと脅威が小さくなります。

②**新規参入の脅威**（新規参入についての分析項目）

「参入障壁」とは、業界に参入しようとする企業にとって、参入を妨げる壁となる障害のことです。法律の規制などがあると、参入障壁が高くなり、新規参入の脅威が小さくなります。

新規参入のコストが高い場合は、それも参入障壁のひとつです。

③**代替品の脅威**（代替品についての分析項目）

そもそも代替品が登場する可能性があるのか、可能性があるなら高いのか、低いのか、代替品との価格差はどれくらいになるか、といった項目を分析します。

自社の仕入先や顧客を分析する

④**売り手の交渉力**（供給業者の分析）

材料や商品などの供給業者の数は、少ないほど大きな脅威になり

5F分析の分析項目は、たとえばこうなる

新規参入業者
新規参入の脅威
●参入障壁の高さは？ ●新規参入のコストは？ ●スイッチングコストは？
供給業者
業界内の競合
●競合他社の数は？ ●シェア争いの程度は？ ●スイッチングコストは？
競合他社
売り手の交渉力
●供給業者の数は？ ●他の売り手との差別化は？ ●スイッチングコストは？
自社
買い手の交渉力
●顧客の数は？ ●製品の競合他社との差別化は？ ●スイッチングコストは？
代替品業者
代替品の脅威
●代替品登場の可能性は？ ●価格の差は？ ●スイッチングコストは？

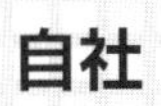

顧客

ます。供給業者の数が少ないと、いわゆる「売り手市場」になり、交渉力が強くなるためです。

また、他の売り手にない技術や価格設定など、差別化ができている供給業者も、他社に乗り換えにくく大きな脅威になります。

⑤**買い手の交渉力**（顧客の分析項目）

顧客の数が少ない、すなわち一般消費者が必要とするような商品でないと、「買い手市場」になるために大きな脅威です。

売り手の場合とは逆に、自社の商品やサービスが、品質や価格設定で競合他社と差別化できていると、脅威が小さくなります。その品質や価格設定により、他社に乗り換えにくくなるからです。

10 会社には「主活動」と「支援活動」がある
――バリュー・チェーン①

製品やサービスを製造・販売する「主活動」

ミクロ環境分析に続いて、内部環境分析を見ていきましょう。

内部環境分析の代表格は「**バリュー・チェーン**」です。日本語では「**価値連鎖**」といいます。５Ｆ分析と同じく、マイケル・ポーターが提唱した手法です。

バリュー・チェーンの考え方によると、企業が行なっているさまざまな活動は、付加価値を生み出すための連鎖（チェーン）ということになります。その連鎖をあらわす有名な図が、右に引用したものです。

この連鎖の鎖をひとつずつ見ていき、どの活動で価値が生み出され、どの活動では生み出されていないか、分析していくわけです。

たとえば、製造業なら図下側のように、①材料や部品を仕入れ（購買物流）、②製品を製造し、③販売店などに出荷し（出荷物流）、④販売活動やマーケティング活動を行なって販売し、⑤アフターサービスなどを行ないます。

この５つの活動の連鎖が、企業が付加価値を生み出すための主な活動＝「**主活動**」です。

製造や販売の現場を支援する「支援活動」

しかし、製造や販売の現場だけがあっても、事業は続けられません。たとえば、現場に対しては、企業のインフラとして、①企画や経理・財務・法務などからの後方支援が必要です（全般管理）。

また、②技術者や販売員などの労務管理も必要になります。さらに、製品やサービスを製造・販売するためには、そのための③技術の開発も必要です。

付加価値を生み出す活動はどれか？

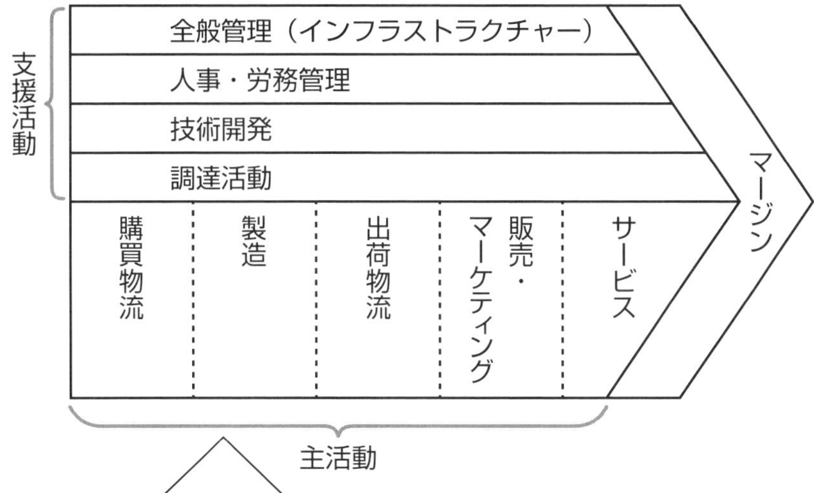

製造・販売などの「主活動」に加えて
人事・労務や開発などの「支援活動」がある

そして、製造する設備や、技術者・販売員の給料などの資金を④調達する活動も重要になります。

ポーターは、これらの必要不可欠な活動を、現場に対する「**支援活動**」と呼んでいます。５つの主活動に加えて、４つの支援活動の合計９つの活動の連鎖により、企業は付加価値を生み出し、その成果として**マージン**（利益）を得ているわけです。

このように、バリュー・チェーンの考え方では、企業のさまざまな活動を、付加価値を生み出すための活動の連鎖としてとらえます。

ですから、どの活動で付加価値が生み出され、どの活動で生み出されていないかと見ていくことにより、利益の源泉である付加価値が、企業の内部でどのように生み出されているか、知ることができるのです。

MEMO マージン：ポーターは「事業活動によって生み出された顧客にとっての総価値と、そのためにかかった総コストの差」と説明している。

11

自社の「競争優位性」はどの活動にあるか ——バリュー・チェーン②

バリュー・チェーン分析の手順

バリュー・チェーン分析は、次のような手順で進めます。

①自社の主活動と支援活動をリストアップする
②活動ごとのコストを計算する
③活動ごとの強み・弱みを分析する
④活動ごとの強み・弱みを評価する

①でまず、自社の主活動と支援活動をリストアップするのは、業種や企業の規模により、バリュー・チェーンの内容は異なってくるからです。

また、②コストの計算は、③強み・弱みの分析にも必要になります。一般的に低コストでできる活動は強み、高いコストがかかる活動は弱みです。財務諸表などから、大まかに集計しておきます。

そこで③強み・弱みの分析ですが、具体的には活動ごとに強み・弱みをできるだけ数多く、書き出すことです。

そして、④の強み・弱みの評価は、一般的には後で説明するＶＲＩＯ分析（☞44ページ）を利用します。

バリュー・チェーンで競争優位性を分析する

ポーターが、バリュー・チェーンを提唱した著書の題名は『競争優位の戦略』です。

「競争優位」とか「競争優位性」というのは、他社より優れた製品やサービスを提供できたり、より低コストで提供できるなど、競合他社との競争のうえで、上位に立てることをいいます。

バリュー・チェックで競争優位性を分析する

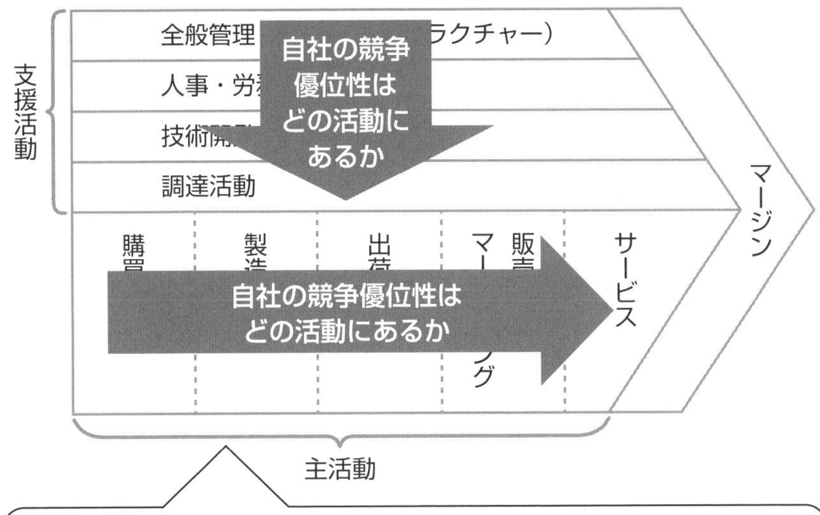

**バリュー・チェーンで自社の競争優位性が
どこにどれだけあるかを分析する**

競争優位性は、製品やサービスの品質や、価格だけから生まれるのではありません。たとえば、主活動で見ると、製品やサービスをブランドとして確立させるマーケティングとか、購入者を満足させるアフターサービスなども、競争優位性の源泉になります。

さらにいえば、支援活動の技術開発力とか、新製品の生産設備を迅速に稼働させる調達活動なども、競争優位性の源泉になりうるものです。高度な技術や迅速な生産は、競合他社との競争のうえで有利に働くことでしょう。

ポーターは、そうした競争優位性が自社のどこに、どれだけあるのか、それを分析するフレームワークとして、バリュー・チェーンを提唱したわけです。ですから、バリュー・チェーンのフレームワークには、主活動・支援活動として、会社のすべての活動が網羅されています。

12

競争相手にマネできない自社の強みとは
――コア・コンピタンス

他社より圧倒的に優れた「コア・コンピタンス」

バリュー・チェーン分析の結果は、どのように活かせばよいでしょうか。強みは競争優位性として十分に自覚し、自社の経営戦略に織り込み、活かすことが大切です。

一方、弱みは、必ずしも克服しなければならないとは限りません。今日のグローバル経済では、苦手な分野、効率の悪い活動はアウトソーシング（外部委託）することが可能だからです。

あのアップルも、iPhoneを製造する自社工場は有していません。アジアなど、製造の活動に強みを持つ企業にアウトソーシングして、自社は強みを持つ企画・設計やデザイン、マーケティングに集中しています。

どんな大企業でも、会社が持つ経営資源には限りがあるものです。限りある経営資源を活かすには、強みを持つ分野に集中することが大事になります。

このように、競合他社より圧倒的に優れた分野、能力のことを「**コア・コンピタンス**」といいます。中核となる能力といった意味で、たとえば独自の技術やノウハウ、アイデアなどです。

コア・コンピタンスの考え方を提唱したアメリカの経営学者ゲイリー・ハメルと、インド出身の経営学者コインバトール・プラハラードは、共著『コア・コンピタンス経営－大競争時代を勝ち抜く戦略』のなかで、コア・コンピタンスの例として、ソニーの小型化技術、ホンダのエンジン技術、シャープの液晶技術などをあげています（コア・コンピタンス経営が提唱されたのは1990年代）。

MEMO ゲイリー・ハメル（1954-）：アメリカの経営コンサルタント。ロンドン・ビジネススクール客員教授。経営戦略における世界最高の権威といわれる。

コア・コンピタンスの3つの特徴

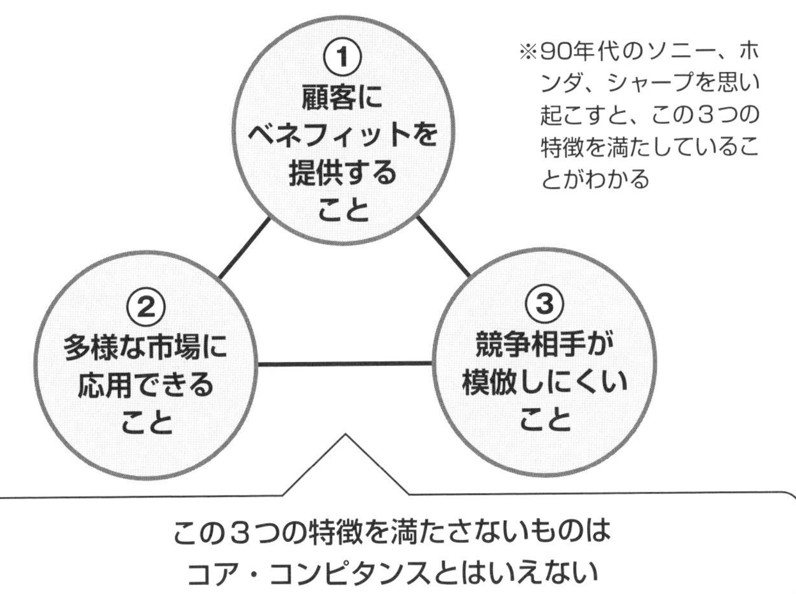
①
顧客に
ベネフィットを
提供する
こと
②
多様な市場に
応用できる
こと
③
競争相手が
模倣しにくい
こと
※90年代のソニー、ホンダ、シャープを思い起こすと、この3つの特徴を満たしていることがわかる
この3つの特徴を満たさないものは
コア・コンピタンスとはいえない

コア・コンピタンスは3つの特徴を満たす

ハメルとプラハラードによれば、コア・コンピタンスには上の図のような3つの特徴があります。

①にある「ベネフィット」とは、製品やサービスから得られる効果、効用のようなものです。日本語では、「便益」とか「便益価値」などと訳されます。

ベネフィットの説明として、よく引き合いに出されるマーケティングの有名な格言が、「顧客はドリルがほしいのではない、穴がほしいのだ」というものです。

その他、コア・コンピタンスの特徴として、多様な市場に応用できること、競争相手が模倣しにくいことがあげられています。ですから、たとえベネフィットが提供できても、競争相手が簡単にマネできるものなどは、コア・コンピタンスではないということです。

MEMO コインバトール・プラハラード（1841-2010）：アメリカの経営コンサルタント。企業戦略論の分野では、マイケル・ポーターとともに双璧といわれる。

13

組織としての能力にも競争優位性がある ——ケイパビリティ

ケイパビリティは活動全体から生まれる

コア・コンピタンスは競争優位性の源泉になりますが、コア・コンピタンスでなければならないというわけでもありません。

もうひとつ、競争優位性の源泉になりうるものとして、「**ケイパビリティ**」があげられます。こちらも能力といった意味の英単語ですが、同じような能力でも組織としての能力、すなわち組織力のことです。

たとえば、技術の開発から製品化までのスピードや、組織全体としての効率性、全社をあげての低コスト化などが考えられます。つまり、コア・コンピタンスが特定の活動によるのに対し、活動全体を通して発揮される強みです。

提唱者であるボストン・コンサルティング・グループのジョージ・ストークスら（欄外参照）によると、「バリュー・チェーン全体に及ぶ組織能力」ということになります。

ですから、右の図のように、コア・コンピタンスがバリュー・チェーン上の特定の活動による強みであるのに対し、ケイパビリティによる強みは活動の連鎖に対して横断的です。

ケイパビリティも、競争優位性をつくり出す重要な要素になりえます。

ただし、コア・コンピタンスとケイパビリティはトレードオフ（二律背反）の関係ではないので、両方を相互に連動させ、バリュー・チェーンの活動に活かせた会社が、競争優位性を獲得できるということです。

MEMO ケイパビリティ：ジョージ・ストークス、フィリップ・エバンス、ローレンス・シュルマンの３人による論文で発表された。

コア・コンピタンスとケイパビリティ

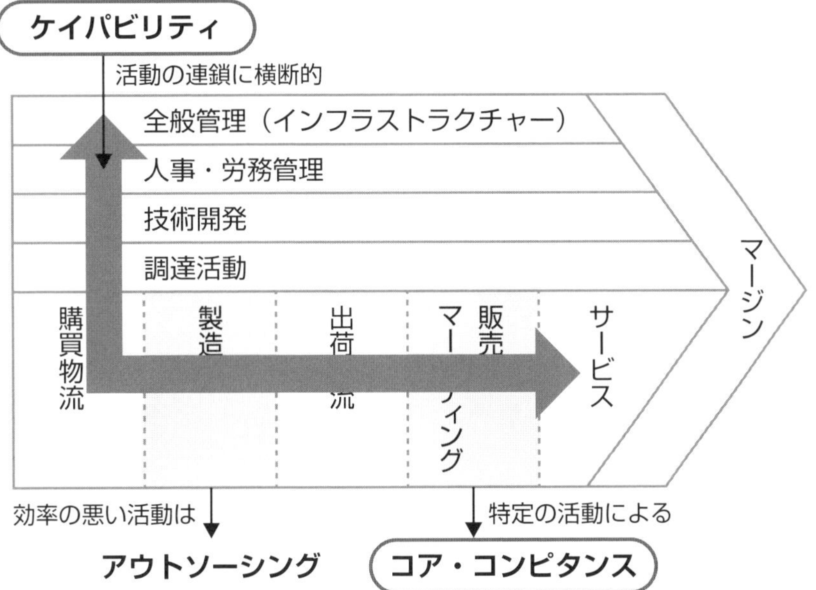

「ダイナミック・ケイパビリティ」とは？

近年、よく耳にするようになったケイパビリティとして「**ダイナミック・ケイパビリティ**」があります。同じ組織能力でも、「企業変革力」と訳される組織能力です。企業が組織として、自らを変革する能力のことをいいます。

2020年版『ものづくり白書』で、「企業変革力（ダイナミック・ケイパビリティ）の強化」がとり上げられ、注目を集めました。注目を集めた理由のひとつは、コロナ禍により企業が直面した環境の変化だったといわれています。

外出自粛要請による人流の変化・巣ごもり需要、テレワークの推奨によるオフィス環境の変化・ＤＸの推進、会議や商談のオンライン化など、企業は自らを変革することを求められました。ダイナミック・ケイパビリティが必要とされたわけです。

MEMO **ボストン・コンサルティング・グループ**：アメリカのコンサルティング会社。2023年現在、世界50カ国以上、90都市以上に展開し、スタッフ数約３万人。

14

業界の競争環境を４つのタイプで見る
——アドバンテージ・マトリクス

「アドバンテージ・マトリクス」とは

競争優位性の視点から、業界の競争環境を分析する手法もあります。ボストン・コンサルティング・グループが開発した「**アドバンテージ・マトリクス**」です。アドバンテージが「優位」「優位性」をあらわす英単語になります。

アドバンテージ・マトリクスは、右の図のように「競争優位性を構築できる可能性」を横軸に、縦軸に「競争上の競争要因（戦略変数）の数」をとるマトリクスです。

横軸は、その業界の企業がコア・コンピタンスやケイパビリティで、競合他社に対して競争優位性を築ける可能性が大きいか小さいか示します。

また縦軸の「戦略変数」とは、経営戦略の策定にあたって、会社が意思決定をしなければならない要素という意味です。ここでは、競争要因とほぼ同義になります。

「競争要因」とは、競争の勝敗を決める要素のことです。たとえば、飲食店を思い浮かべると、競争変数は味・価格・見映え・サービス・店舗の立地など、多数の競争要因が考えられるでしょう。

あらゆる業界は４つのタイプに分類できる

以上の２つの軸により、あらゆる業界は４つのタイプに分類することが可能です。タイプにより、収益性や、事業の成功可能性が変わってきます。

①特化型事業（優位可能性・大／要因数・多）

分野ごとに特化した、強いメーカーがいる業界。競争要因の数が多いので、小さな会社でも経営資源を集中することにより、特定の

業界の４つのタイプとは

競争優位性の可能性

〈競争優位性を構築できる可能性〉

縦軸：競争要因の数〈競争上の競争要因（戦略変数）の数〉（上＝多、下＝少）　横軸：小 → 大

	小	大
多	**分散型事業** どの競争要因でも、企業として競争優位性が築けない	**特化型事業** 小さな会社でも競争優位性を構築できる可能性がある
少	**手詰まり型事業** 大企業でも手詰まりになり低収益。撤退の検討も必要	**規模型事業** 会社の規模とシェアが大きいほど収益性が高くなる

分野で競争優位性を構築できる可能性が高くなります。

②**規模型事業**（優位可能性・大／要因数・少）

会社の規模で決まる業界。競争要因の数が少ないので、規模の大きさが競争優位性を構築できる、ほとんど唯一の要因です。シェアが大きいほど、収益性が高くなります（規模の経済☞62ページ）。

③**分散型事業**（優位可能性・小／要因数・多）

個人経営の飲食店など零細な企業ばかりで、大企業がいない業界。どの競争要因でも、企業として決定的な競争優位性が築けず、成功可能性は経営者の資質や能力に頼る部分が大きくなります。

④**手詰まり型事業**（優位可能性・小／要因数・少）

小規模な企業がいなくなり、残った大企業も手詰まりになっている業界。規模の大きさも競争要因にならないので、大企業でも低収益になり、事業として撤退を検討することも必要です。

15 4つの視点から企業の経営資源を分析する ——ＶＲＩＯ分析①

V・R・I・Oの視点から競争優位性を見る

バリュー・チェーンは、「価値連鎖」の活動を分析する内部環境分析ですが、「経営資源」を４つの視点から分析するのが「**ＶＲＩＯ分析**」です。ＶＲＩＯは「ブリオ」と読みます。アメリカの経営学者、ジェイ・バーニーが提唱しました。

ＶＲＩＯは、右の図の４つの英単語の頭文字です。自社や他社の経営資源を、Ｖ・Ｒ・Ｉ・Ｏの４つの視点から評価して、経営資源の競争優位性のあるなし、その度合いを示します。

V・R・I・O、それぞれの視点とは

ＶＲＩＯ分析は、ヒト・モノ・カネ・情報といった経営資源の評価から、競争優位性を分析する点が特徴です。Ｖ・Ｒ・Ｉ・Ｏの４つの視点とは、次のようなものです。

①V（経済価値）

「Ｖ」はバリューのＶで、日本語では「経済価値」と訳されています。金額であらわす価値ではなく、ＶＲＩＯ分析では、外部からの機会や脅威に適応できる経営資源を「経済価値がある」と考えます。

たとえば、優れた財務力で、不況時の売上減にも、好況時の設備投資にも適応できるといったことです。

②R（希少性）

「Ｒ」はレアリティの頭文字で、会社の技術や流通チャネルといった経営資源がレア（希少）なものか、他社にもあるものではないか、という視点から評価します。

機会や脅威に適応できる経営資源でも、ありふれたものは、競争

ＶＲＩＯ分析とはどういうものか？

Value／経済価値
経営資源は機会と脅威に適応できるか

Rarity／希少性
経営資源は他社にない希少なものか

Inimitability／模倣困難性
経営資源は他社が模倣しにくいものか

Organization／組織
経営資源としての組織力があるか

優位性があるとはいえません。

③I（模倣困難性）

「Ｉ」は、簡単に模倣できるものではないか（インイミタビリティ）という視点です。どんなに希少なものでも、他社が簡単にイミテーション（模倣品）をつくれるのでは、意味がありません。

④O（組織）

「Ｏ」はオーガニゼーションで、組織の意味です。会社のさまざまな経営資源を活かし、持続的に活かす組織力も、ひとつの経営資源といえます。その組織力を、重要な経営資源として評価する視点です。

たとえば、他社が模倣できないように、迅速・的確に特許を取得する知財部門などは、重要な組織の一部といえます。

なぜ「組織」が重要なのかは、ＶＲＩＯ分析の最終段階でわかることでしょう。

16

その経営資源には競争優位性がどれだけあるか
——ＶＲＩＯ分析②

ＶＲＩＯ分析はこうして進める

そこで、ＶＲＩＯ分析の進め方ですが、一つひとつの経営資源について、ＶＲＩＯの順に、ＹＥＳかＮＯかで評価していきます。たとえば、その経営資源の経済価値があると判断したら「ＹＥＳ」、ないなら「ＮＯ」です。

そして、経済価値をＹＥＳと評価したら、次は希少性がＹＥＳかＮＯかを評価します。「どちらでもない」や「わからない」の評価はすることができません。また、ＶＲＩＯのどこかの段階でＮＯと評価したら、そこでその経営資源についての評価は終了です。

ＹＥＳ／ＮＯで競争優位性がわかる

以上のようなルールでＶＲＩＯの順に評価していくと、右の図のようなしくみでその経営資源の競争優位性の度合いがわかります

①ＶがＮＯ　→　競争劣位

経済価値がＮＯだと、その時点で競争優位性はないと評価されます。外部からの機会や脅威に適応できないのでは、環境の変化にまったく対応できないということです。他の項目がどんなに優れていても、競争劣位とせざるをえません。

②ＲがＮＯ　→　競争均衡

経済価値がＹＥＳで希少性がＮＯだと、一応は競争ができます。しかし、その経営資源は他社にもある、ありふれたものなので、競争優位性があるとはいえません。他社と同じレベルで、競争を続けなければならない競争均衡です。

③ＩがＮＯ　→　一時的な競争優位

希少性までがＹＥＳで模倣困難性がＮＯだと、一応は競争優位性

競争優位の度合いの見方

Ⓥ 経済価値	Ⓡ 希少性	Ⓘ 模倣困難性	Ⓞ 組織	競争優位の 度合い
NO	→	→	→	競争劣位
YES	NO	→	→	競争均衡
YES	YES	NO	→	一時的な 競争優位
YES	YES	YES	NO	潜在的な 競争優位
YES	YES	YES	YES	持続的な 競争優位

があるといえます。しかし、模倣困難性がＮＯということは、すぐにマネされてしまうということです。他社がマネをするまでの一時的な競争優位になります。

④ＯがＮＯ　→　潜在的な競争優位

模倣困難性までがＹＥＳで組織がＮＯの場合は、一概にどれといえません。組織力にもいろいろあり、競争優位となる可能性もあるからです。これについては、次項で詳しく見ます。ここでは、潜在的な競争優位としておきましょう。

⑤ＯがＹＥＳ　→　持続的な競争優位

組織まですべてＹＥＳであれば、競争優位性があります。しかも、いつまでも競争優位であり続ける、持続的な競争優位です。ＶＲＩＯのすべてで他より優れた状態にあるわけですから、企業の存続と成長につながる最終的な目標といえるでしょう。

17

経営資源としての組織はどれだけＮＯか
——ＶＲＩＯ分析③

一時的な競争優位から競争劣位まで

経営資源としての組織がＮＯの場合、ＮＯの度合いで競争優位性の度合いも変わります。組織とひと口にいっても、そのなかにはいろいろな経営資源があるからです。簡単な例で考えてみましょう。

たとえば「技術力が高い」という経営資源があったとして、そこからヒット商品を生み出すには、「製品化する商品開発部門」「技術を守る知財部門」「商品の魅力を伝えるマーケティング部門」、それらを資金面で支える「優れた財務部門」などが必要です。

それらがすべて組織にあれば、組織もＹＥＳとなって持続的な競争優位になります。

しかし、魅力的に製品化できる商品開発部門がないと、組織はＮＯです。ただし、それ以外に何があるかで、競争優位性の度合いは違ってきます。

開発された技術を特許などで守る知財部門がないと、すぐに模倣されてしまうので一時的な競争優位性です。

また、魅力的な商品を開発できたとしても、その魅力を顧客に伝えられるマーケティング部門がないと、他社と同じだろうと思われて、競争均衡になります。

そして、製品化までのそれらの活動を資金面から支える財務部門もないとなると、競争劣位になってしまうのです。

このように、組織がＮＯの潜在的な競争優位は、ＮＯの度合いによって一時的な競争優位から、競争劣位までの可能性があります。

その経営資源は「強み」か、「弱み」なのか

ＶＲＩＯ分析は、会社の経営資源が「強み」なのか、それとも「弱

組織がNOのときの競争優位性の見方

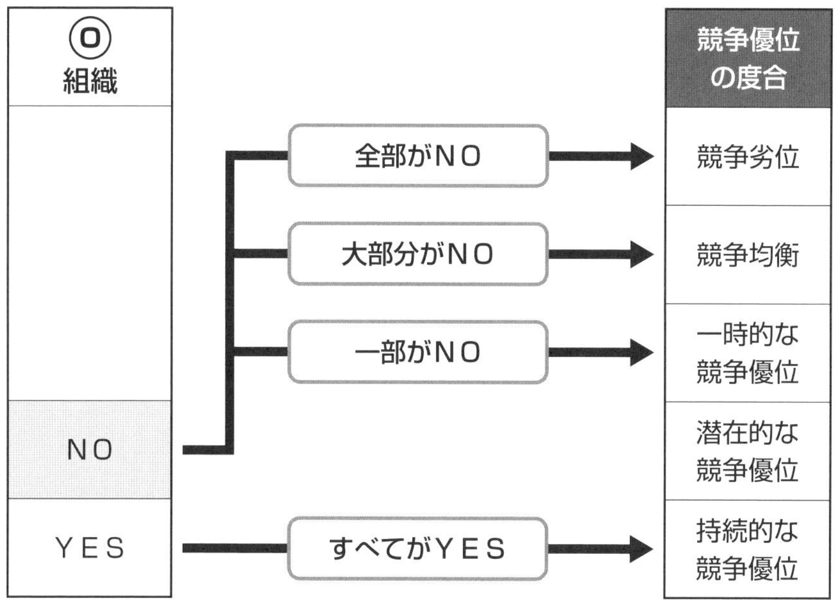

み」なのかを知るためにも利用されます。分析によって競争優位の度合いがわかるので、競争優位なら強み、競争劣位なら弱みと、競争優位の度合いを判断できるわけです。まとめてみると、下のようになります。

強みの経営資源は、経営戦略に織り込んで積極的に使い、弱みは改善の施策を講じるか、アウトソーシングなども検討することが大切です。

- **競争劣位**……機会と脅威に適応できないので「弱み」
- **競争均衡**……「強み」だが競争相手も同じ強みを持っている
- **一時的な競争優位**……「強み」だがすぐに模倣される
- **潜在的な競争優位**……組織力がなく「強み」を活かせない
- **持続的な競争優位**……経営資源の「強み」を活かせる

18

会社の強み・弱み、外部の機会・脅威を整理する
――ＳＷＯＴ分析①

ＳＷＯＴは強み・弱み、機会・脅威のこと

ＶＲＩＯ分析（☞44ページ）やバリュー・チェーン分析（☞34ページ）からは、会社内部の活動や経営資源の強み・弱みがわかります。一方、ＰＥＳＴ分析や５Ｆ分析（☞26〜32ページ）からは、外部環境の機会・脅威がわかります。

その両方を組み合わせて分析する手法のひとつが「**ＳＷＯＴ分析**」です。ＳＷＯＴは、右の上図のように文字どおり、「強み」「弱み」「機会」「脅威」の英単語の頭文字になっています。

ＳＷＯＴ（スウォット）分析は、外部環境分析と内部環境分析を組み合わせて分析する手法です。

こうした分析により、自社の内部環境の強みと弱みは何なのか、また、自社をとりまく外部環境の機会と脅威は何なのか、といったことが整理できます。

強み・弱み、機会・脅威のマトリクスから

具体的には、右の下図のように、縦軸に内部環境、外部環境をとり、横軸にプラス要因、マイナス要因をとったマトリクスをつくります。すると、内部環境のプラス要因は自社の強み、内部環境のマイナス要因が自社の弱みとなります。

同様に、外部環境のプラス要因は機会、マイナス要因は脅威です。

強みと弱みのリストアップには、バリュー・チェーン分析やＶＲＩＯ分析の結果が、機会と脅威のリストアップには、ＰＥＳＴ分析や５Ｆ分析の結果が利用できるでしょう。このように環境分析の際には、他の分析手法を利用することがあります。

ＳＷＯＴ分析の考え方自体は、昔からあったそうです。しかし

SWOT分析とはどういうものか？

Strengh／強み
事業内部の有利な要素、内部環境のプラス要因

Weakness／弱み
事業内部の不利な要素、内部環境のマイナス要因

Opportunity／機会
事業に有利なトレンドや変化、外部環境のプラス要因

Threat／脅威
事業に不利なトレンドや変化、外部環境のマイナス要因

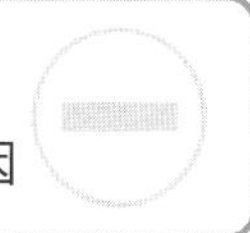

	プラス要因	マイナス要因
内部環境	Ⓢ 強み	Ⓦ 弱み
外部環境	Ⓞ 機会	Ⓣ 脅威

内部環境 ← バリュー・チェーン分析
内部環境 ← ＶＲＩＯ分析
外部環境 ← ＰＥＳＴ分析
外部環境 ← ５Ｆ分析

1960年代から、アメリカの経営コンサルタント、アルバート・ハンフリーが研究を進め、より洗練されたものに整理しました。ハンフリーは、現代のＳＷＯＴ分析の創始者といわれています。

19

S・W・O・Tをリストアップして経営戦略をたてる ——ＳＷＯＴ分析②

強み・弱み・機会・脅威のリストアップ

ＳＷＯＴ分析を、少し詳しく見てみましょう。ここでは、とあるカレーショップが今後の戦略をたてるために、ＳＷＯＴ分析を行なったという設定で、簡単な例をあげます。

まず、バリュー・チェーン分析などでお客の「回転率が高い」というデータが出たら、それは内部環境のプラス要因です。一方、同時に「客単価が低い」とあったら、それは内部環境のマイナス要因になります。

また、ＰＥＳＴ分析などでスマホなど「ＩＴインフラが普及している」とあったら、それは集客などに利用できる外部環境のプラス要因です。一方で「人件費の上昇により人手不足」があったら、外部環境のマイナス要因になります。

このようにして、強み・弱み、機会・脅威をリストアップしていくわけです。このリストアップにより、自社の内部環境の強みと弱みは何なのか、また、自社をとりまく外部環境の機会と脅威は何なのかが整理できます。

ＳＷＯＴ分析からクロスＳＷＯＴ分析へ

ＳＷＯＴ分析の特長は、リストアップにとどまらず、整理したＳＷＯＴをさらにマトリクスにすることで、戦略の方向性や具体的な施策が導き出されるところにあります。

右の下図のように、縦軸に強み・弱みを、横軸に機会・脅威をとると、たとえば内部環境の強みがある分野に外部環境の機会があると「積極的攻勢」という戦略の方向性が示されるわけです。

強み・弱み、機会・脅威のリストアップ

●SWOT分析

	プラス要因	マイナス要因
内部環境	●客席の回転率が高い ●男性客に人気が高い ↓ S 強み	●客単価が低い ●女性客の割合が低い ↓ W 弱み
外部環境	●ＩＴインフラの普及 ●イートインの増加 ↓ O 機会	●人件費の上昇と人手不足 ●テイクアウトの減少 ↓ T 脅威

●クロスSWOT分析へ

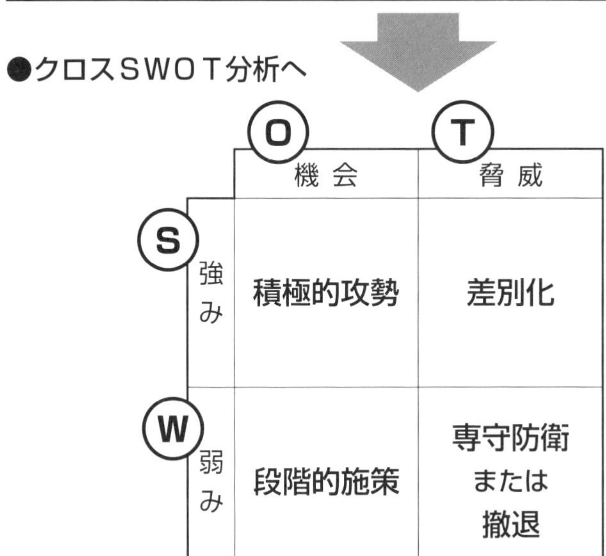

O
T
機会
脅威
S
強み
W
弱み
積極的攻勢
差別化
段階的施策
専守防衛
または
撤退

次項で詳しく見ますが、このように強み・弱み、機会・脅威をクロスさせて戦略を導き出す手法を「**クロスSWOT分析**」といいます。SWOTを逆さにして「TOWS（トゥース）分析」と呼ぶこともあります。

20

SW・OTの組み合わせから戦略がわかる
──クロスSWOT分析

＜強み×機会＞は積極的攻勢

それでは、**クロスSWOT分析**を見ていきましょう。

クロスSWOT分析では、SWOT分析で整理された内部環境の強み・弱みと、外部環境の機会・脅威を組み合わせて、戦略の方向性が示されます。

まず、強みと機会の組み合わせでは“攻め”の方向性です。

そこで、「回転率が高い」という強みと、「スマホの普及」という機会から、「スマホ決済の導入」という施策が考えられます。レジの時間を短縮できれば、さらに回転率を上げられるでしょう。

また、「男性に人気」という強みと、「イートインの増加」という機会の組み合わせでは、「男性好みの（イートイン用）新メニュー」という施策が考えられます。

＜強み×脅威＞は差別化

差別化の方向性とは、強みを活かして脅威を回避するか、できればピンチをチャンスに変えることです。

たとえば、「人件費上昇・人手不足」という脅威に対しては、「回転率が高い」という強みが活かせます。回転率が高くて、フロア係に人手がかかっているなら、「配膳ロボット」の導入で、人手不足と人件費の抑制が同時に解消できるかもしれません。

一方、「テイクアウトの減少」の脅威に対しては、「男性客に人気」の強みを活かして、男性向けのテイクアウトのメニューを拡充することが考えられます。

SWとOTの組み合わせから戦略をたてる

	Ⓞ 機会	Ⓣ 脅威
Ⓢ 強み	<積極的攻勢> ●スマホ決済を導入してレジにかかる時間を短縮 ●男性好みの新メニューを開発	<差別化> ●配膳ロボットを導入して人件費削減 ●男性向けのテイクアウト・メニューを拡充
Ⓦ 弱み	<段階的施策> ●サイドメニューを徐々に拡充して客単価アップ ●女性をターゲットにしたＳＮＳ広告を出稿	<専守防衛または撤退> ●人件費以外のコスト削減で現状維持 ●女性向けのテイクアウトは撤退

<弱み×機会>は段階的施策

段階的施策は、すぐには対処できないので、現状を維持しながら段階的に対策を講じます。たとえば、「客単価が低い」という弱みに対しては、「イートインの増加」という機会を活かして、「（イートイン用）サイドメニュー」の段階的拡充といった具合です。

「女性客が少ない」という弱みに対しては、「スマホの普及」という機会を活かして、「女性をターゲットにしたＳＮＳ広告」で女性客の集客をはかることもできるでしょう。

<弱み×脅威>は専守防衛または撤退

弱みに脅威が重なったら、守りに入るしかありません。「コスト削減」で現状維持をはかるか、一部のテイクアウト・メニューは撤退も検討すべきでしょう。

クロスＳＷＯＴ分析では、このような方向性が導き出されます。

21 ３つの分野を分析する有名なフレームワーク ——３Ｃ分析

３つのＣ＝市場・顧客、競合、自社を分析する

「**３Ｃ分析**」は、ＰＥＳＴ分析やＳＷＯＴ分析と並ぶ、有名な環境分析のフレームワークです。「市場・顧客」「競合」「自社」の３つの分野を分析し、必要な情報を収集して、戦略の方向性を決めることができます。

３Ｃ分析にマクロ環境分析のＰＥＳＴ分析などを加えると、環境分析のほぼすべての分野をカバーすることが可能です。そのため、環境分析の基本的なフレームワークのひとつとして、長く利用されています。

外部環境の分析からＫＳＦを見つけ出す

３Ｃ分析は、徹底して事実を集めるところが特徴です。収集した事実の分析には、ＳＷＯＴ分析などが用いられます。

外部環境の市場と、競合の分析から「**ＫＳＦ**」（主要成功要因☞58ページ）を見つけ出し、自社の戦略に活かすことが目的です。

フレームワークとしては、「３Ｃモデル」「３Ｃフレームワーク」、あるいは単に「３Ｃ」とも呼ばれます。数少ない国産のフレームワークで、経営コンサルタントの大前研一氏が提唱しました。

大前氏自身は、インターネットの出現で「競争相手が、誰かわからなくなっている」として、「３Ｃは、もはや通用しない」と述べています。

しかし、シンプルでわかりやすく、必要な分野を網羅できる３Ｃは、現在でも多くの人に利用されている、最も基本的なフレームワークのひとつです。

MEMO **大前研一**（1943-）：世界的に活躍する日本の経営コンサルタント、起業家。著書『企業参謀』が有名。2023年現在、ビジネス・ブレークスルー大学学長。

3C分析とはどういうものか？

Customer／市場・顧客

市場と顧客のニーズがどのように変化しているか

Competitor／競合

競合が市場の変化にどのように対応しているか

Company ／自社

自社が成功できる要因はどこにあるか

（※）Customerは、顧客と顧客のいる市場を含めて1つの「C」としています。

Ⓒ 市場・顧客

●市場規模(顧客の数、地域など）●市場の成長性 ●ニーズ ●顧客の購買決定プロセス　など

Ⓒ 競合

●競合の数 ●競合の戦略 ●競合の強みと弱み ●売上高 ●シェア ●利益 ●顧客数　など

Ⓒ 自社

●売上高 ●シェア ●収益性 ●ブランド ●技術力 ●人的資源 ●バリューチェーン　など

PEST分析　<マクロ環境分析>

SWOT分析　<収集した事実の分析>

22 事業が「成功」するための要件とは
――ＫＳＦとＫＢＦ、ＵＳＰ

ＫＳＦは「主要成功要因」

３Ｃ分析で見つけ出す「**ＫＳＦ**」とは、キー・サクセス・ファクターの略で、日本語では「**主要成功要因**」と訳されています。事業が成功するために、必要な条件といった意味です。

３Ｃ分析だけでなく、ＳＷＯＴ分析などを行なう目的のひとつにもなっています。

よくあげられる例は、化粧品のブランド力や認知度です。どんなに品質がよく、コスト・パフォーマンスがよくても、ブランドとして確立していない、認知度が低い化粧品は、事業として成功することはできません。

ＫＳＦを満たしていないからです。

ＫＢＦは「購買決定要因」、ＵＳＰは「売り」

よく似た用語に「**ＫＢＦ**」がありますが、こちらはキー・バイイング・ファクターの略で「**購買決定要因**」などといいます。消費者が商品やサービスの購入を決めるときに、カギとなった要因のことです。

たとえば、「有名なブランドだから」とか「テレビＣＭでおなじみだから」といった例があげられます。

ＫＳＦは、ＫＢＦとイコールではありません。たいていの市場には、競合する商品やサービスがあるからです。事業が成功するためには、ＫＢＦを満たすだけでなく、競合との競争に勝たなければなりません。

そこで重要になるのが「**ＵＳＰ**」です。ユニーク・セリング・プ

ＫＳＦ、ＫＢＦ、ＵＳＰとは？

KSF

Key Success Factor

主要成功要因。事業が成功するために必要とされる要件。

KBF

Key Buying Factor

購買決定要因。商品やサービスを購入するときにカギとなる要因。

USP

Unique Selling Proposition

独自の「売り」を簡潔にあらわしたもの。

ロポジションの略で、ムリやり日本語にすると「**独自の売りの提案**」といった意味になります。

たとえば、ピザ・チェーンの「30分以内に届かなければ、代金はいただきません」といったものが、ＵＳＰの有名な例です。

まるでキャッチフレーズのようですが、要するにＵＳＰは、その商品やサービスの「売り」を簡潔にあらわします。ですから、的確なＵＳＰがあると、売り手にとっても、消費者にとっても、他の商品やサービスとの違いが明確になるのです。

つまり、競合他社との競争に勝つ、競争優位性（☞36ページ）の源になります。

事業で成功する（ＫＳＦ）ためには，消費者の購買決定要因（ＫＢＦ）を満たすと同時に、「売り」を的確にあらわすこと（ＵＳＰ）が必要ということです。

23

「事業ドメイン」は事業の範囲を決める
——ＣＦＴ分析

事業ドメインを設定して経営資源を集中する

ＫＳＦが明らかになると、多様な顧客のニーズや、その変化をとらえ、対応することができるようになります。そこで考えたいのが「**事業ドメイン**」の設定です。「ドメイン」（domain）は、領域、範囲といった意味をあらわします。つまり、事業ドメインの設定とは、事業を行なう領域、範囲を決めることです。

なぜ、事業の領域、範囲を決めなければならないのでしょうか。

会社の経営資源には、限りがあるものです。限りある経営資源を効率的に使い、市場で有利に事業を進めるには、事業を行なう範囲を絞る必要があります。つまり、適切な事業ドメインを設定して、経営資源を集中することが大切です。

事業ドメイン設定のためにはＣＦＴ分析

事業ドメインを設定するには、３つの視点が重要になります。すなわち、右の図の「顧客」「機能」「技術」の３つです。たとえば、ＳＷＯＴ分析で見たカレーショップの例で（☞52ページ）、３つの視点をまとめてみると次のようになります。

- **顧客**：ボリュームのあるランチ、夕食を求める20～40代
- **機能**：多彩なカレーを、若年層でも支出できる低価格で提供
- **技術**：低コストを可能にする仕入ルートと調理の技術

この顧客・機能・技術の３つの視点を、事業ドメインの設定のために整理したのは、イギリスの経済学者デレク・エーベルです。図の３つの英単語の頭文字をとって「**ＣＦＴ分析**」と呼ばれています。

事業ドメインを設定する3つの視点とは？

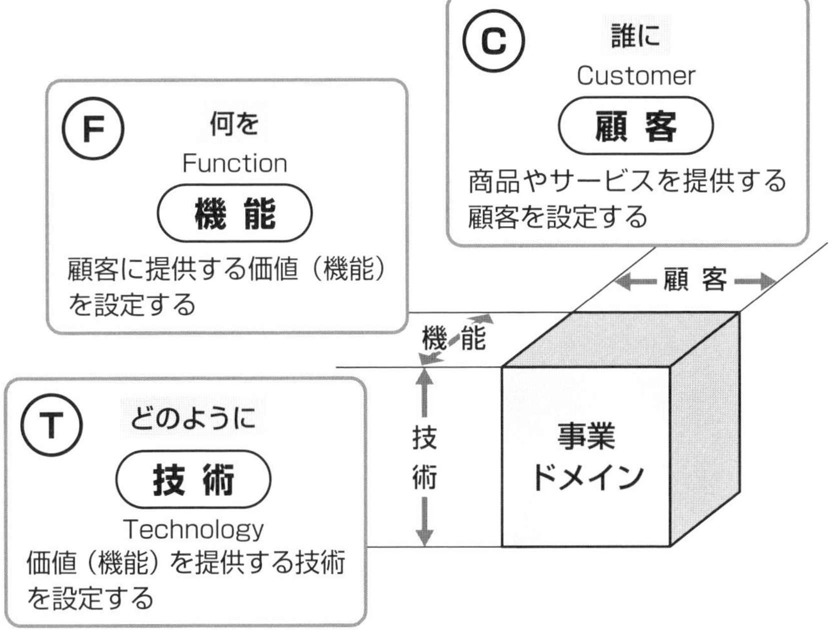
C
誰に
Customer
顧 客
商品やサービスを提供する顧客を設定する
F
何を
Function
機 能
顧客に提供する価値（機能）を設定する
T
どのように
技 術
Technology
価値（機能）を提供する技術を設定する
顧 客
機 能
技 術
事業ドメイン

このＣＦＴは要するに、「誰に」「何を」「どのように」して、商品やサービスを提供するかということです。

「誰に＝顧客」は、先の例では嗜好と年齢で設定していますが、性別や職業、居住地域などから設定することもできます。

「何を＝機能」は、顧客（Ｃ）にどのような価値（機能）を提供するか、ということです。３Ｃ分析などで、顧客に価値を提供できている分野がわかるので、その範囲から設定します。

「どのように＝技術」は、顧客（Ｃ）に提供する機能（Ｆ）を、どのように、どのような技術（Ｔ）で提供するかを設定します。ここでいう技術は、技術力や開発力などの技術だけでなく、流通チャネルや企画力といったハード、ソフト両面を含むものです。

このようにして事業ドメインが設定できると、顧客のニーズや自社の強みが明確になるので、経営戦略がたてやすくなります。

「規模の経済」の効果はなぜあらわれるのか

「規模の経済」とは、一般にいわれる「大量生産のメリット」「スケール・メリット」のことです。

英語では、「エコノミーズ・オブ・スケール」なので、そのまま訳すと規模の経済となります。

要するに、大量生産をすればするほど、製品ひとつ当たりのコストが低くなる効果のことですが、この効果があらわれるのは、製品のコストに「変動費」と、それに「固定費」があるためです。

固定費は、人件費や家賃など、少量生産でも大量生産でも同じように一定（固定）の額が発生します。しかし、総額として一定額なので、大量生産をすればするほど、製品ひとつ当たりのコストは下がるわけです。

超大量生産の場合には、費用によっては、限りなくゼロに近づいていきます。

また、変動費のほうでも、規模の経済効果があらわれる要素があります。

たとえば、大量生産のために材料の大量仕入れを行なうと、仕入先にとっては大口の顧客となるため、買い手の交渉力が強くなるからです（☞31ページ）。

買い手市場になるので、値下げ交渉がしやすくなり、製品のコストをより低く下げることになります。

経営戦略は企業戦略の立案から
――全社戦略の手法

会社全体として経営を
どう進めていったらよ
いのでしょうか？

24

製品と市場から「成長戦略」がわかる
——アンゾフの成長マトリクス

「経営戦略の父」、イゴール・アンゾフ

序章で見たように、経営戦略には3つのレベルがありますが、その頂点に立つのが「**全社戦略**」です（☞16ページ）。全社戦略では、会社全体としてどう経営を進めていくか、一つひとつの事業をどう進め、そのために経営資源をどう配分するかなどを立案します。

事業戦略が、競合との競争に勝つことを目的とした競争戦略であるのに対し、全社戦略は主に、会社の成長を目的とする戦略です。「成長戦略」といえるでしょう。

会社全体として売上と利益を増やし、成長させていく戦略は、どのようなものでしょうか。

この本では、「戦略」「経営戦略」という用語がひんぱんに登場しますが、戦略（ストラテジー）はもともと軍事用語として使われていました。

これを経営学にとり入れ、経営戦略という用語を一般的にしたのが、ロシア生まれのアメリカの経営学者、イゴール・アンゾフです。現在では、「経営戦略の父」とも呼ばれています。

そしてアンゾフが、企業が成長するための戦略を4つに整理し、提唱したのが有名な「**アンゾフのマトリクス**」、「**成長マトリクス**」と呼ばれるものです。

製品・市場、既存・新の組み合わせから4つの戦略が

アンゾフの成長マトリクスでは、横軸に「製品」、縦軸に「市場」をとり、それぞれ「既存」と「新」に分けます。すると、右の図のように4つのマスができますが、マスごとに異なる成長戦略が示さ

MEMO イゴール・アンゾフ（1918-2002）：「経営戦略の父」と呼ばれるアメリカの経営学者、戦略経営論の創始者。著書に『企業戦略論』『戦略経営論』など。

「アンゾフの成長マトリクス」とは

		製品	
		既存	新
市場	既存	**市場浸透戦略** 既存の製品を 既存の市場に より浸透させる	**新製品開発戦略** 新製品を開発して 既存の市場に 投入する
	新	**新市場開拓戦略** 既存の製品を 新市場に 投入する	**多角化戦略** 新製品を開発して 新市場に 投入する

れます。

既存の製品と既存の市場では「**市場浸透戦略**」です。要するに既存の製品・市場の売上や利益を増やす＝成長させるということです。

次に既存の製品を、既存市場ではなく新市場に投入すると「**新市場開拓戦略**」になります。

一方、既存製品ではなく新製品を開発して、既存の市場に投入すると「**新製品開発戦略**」です。

そして、新製品を新市場に投入するのが「**多角化戦略**」となります（次項に続く）。

25

いまの製品で成長する戦略とは
——市場浸透戦略と新市場開拓戦略

<既存製品×既存市場>は市場浸透戦略

一つひとつの事業をどう成長させるか、それを判断するのも全社戦略の仕事です。

通常、企業はまず、既存の製品を既存の市場でより広く、よりたくさん売れるようにしようとします。これが**市場浸透戦略**です。

一般に「浸透」と訳されていますが、英語では「penetration」。辞書を引くと、貫通や突破など、いろいろなニュアンスがあります。要するに、既存の市場で既存の製品の売上や利益を増やすこと、成長させることと考えればよいでしょう。

手段としては一般的に、競合他社の顧客を取り込み、自社のシェアを高めることが考えられます。しかしこれは、簡単なことではありません。製品ごとに、緻密なマーケティング戦略と施策が必要とされるでしょう。

となると、競合の顧客ではなく、自社の既存の顧客の購入数量を増やすことも考えなければなりません。

一例として、製品の別の用途を提案する方法があります。たとえば、調味された酢だけで煮物がつくれるなどの提案です。消費量が増えるので、売上が増えます。製品ライフサイクルの成熟期にある製品などでも、ときどき使われる方法です（☞84ページ）。

<既存製品×新市場>は新市場開拓戦略

しかし、市場には限りがありますから、一定の程度、浸透するとそれ以上の成長は見込めなくなります。そのときに、まず考えられる選択肢は２つです。

既存の製品を活かす２つの戦略

製品
既存
新
市場
市場浸透戦略
新市場開拓戦略
既存製品
×
既存市場
Market Penetration
新製品
×
既存市場
Product Development
既存製品
×
新市場
Market Development
新製品
×
新市場
Diversification

既存の製品と既存の市場のうち、既存の製品を活かすか、既存の市場を活かすか、という２つの選択肢があります。

既存の製品を活かすとすると、**新市場開拓戦略**です。ちなみに、一般的に「開拓」と訳されていますが、英語では新製品開発と同じ「development」となっています。

新市場開拓戦略のわかりやすい例は、国内で販売していた製品を海外の市場で販売する方法です。つまり、「既存（国内）の製品を新（海外）市場に投入する」わけです。

国内で一定のシェアを押さえていた製品なら、海外の市場でも受け入れられる可能性は高くなります。まったく新しい製品を投入するより、リスクは低いといえるでしょう。

ただし、一定の評価を得た既存の製品とはいえ、新しい市場を開拓するわけですから、一定の経営資源の投下は必要です。経営資源の配分に、注意する必要があります。

26

新しい製品を開発する戦略とは
——新製品開発戦略と多角化戦略

<新製品×既存市場>は新製品開発戦略

既存の製品と既存の市場のうち、既存の市場を活かすことにすると、**新製品開発戦略**になります。新製品を開発して、既存の市場に投入するわけです。

既存の製品がある程度、市場の信頼を得ていた場合は、新製品も市場に受け入れられる可能性が高くなります。まったく新しい市場に投入するより、リスクは低いといえるでしょう。

新製品開発戦略と呼ばれていますが、ターゲットは既存の市場・顧客ですから、まったくの新しい製品である必要はありません。新製品開発戦略として、よく次のような製品が使われます。

- 既存の製品に新しい機能やサービスを追加した新製品
- 既存の製品と色やデザイン、サイズが異なる新製品
- 既存の製品の関連製品となる新製品
- 既存の製品をバージョンアップした新製品

具体的には、コンビニのプライベート・ブランドで従来、手頃な価格帯での提供を重視していた商品群に対し、やや価格が高い代わりに、高品質の新商品群を開発して成功した例などがあります。

ここまで見てきたように、既存の製品か、既存の市場を何らかの形で活かす市場浸透戦略、新市場開拓戦略、新製品開発戦略の3つによる成長を「**集中的成長**」といいます（☞74ページ）。

<新製品×新市場>は多角化戦略

既存の製品や既存の市場で成長が期待できないときには、新製品

新製品を投入する２つの戦略

		製品	
		既存	新
市場	既存	既存製品 × 既存市場 Market Penetration	新製品 × 既存市場 Product Development
	新	既存製品 × 新市場 Market Development	新製品 × 新市場 Diversification

を新市場に投入することになります。いわゆる事業の「**多角化**」の戦略です。

既存の製品・市場で蓄積した経営資源を、新たな製品、新たな市場に投下することになります。

ただし、新しく開発した製品を、新しく開拓した市場に投入するわけですから、時間もコストもかかるのは当然です。既存の製品や市場を少しでも活かす戦略に比べると、リスクは格段に高くなるでしょう。

また、新しい製品の開発と、新しい市場の開拓を同時に進めることは非常にむずかしいので、自社での開発や開拓にこだわらず、M＆Aなどにより他社の事業を買収・統合するといった方法もとられます。

既存の製品や市場を活かした成長（集中的成長）に対して、「**統合的成長**」と呼ばれるものです（☞74ページ）。

27 事業の「多角化」には4つのパターンがある
——アンゾフの多角化戦略

多角化戦略は４つに分類できる

集中的成長、統合的成長に続く第三の成長が「**多角的成長**」、すなわち「**アンゾフの多角化戦略**」です。

アンゾフは、成長マトリクスと同様、多角化戦略を４つに分類しています。右の図がそれをあらわしたものですが、成長マトリクスと同じく、横軸には製品、縦軸には市場をとっています。

しかし、縦軸と横軸の分類は、既存と新ではなく、「既存の（製品の）技術との関連性」の高低、「既存の市場との類似性」の高低です。

つまり、いまある製品で使っている技術に近いか、いまある市場に似た市場かという２つの基準から、多角化戦略を４つに分類しているわけです。

水平型・垂直型・集中型・集成型多角化戦略とは

多角化戦略の第一は「**水平型多角化**」といいます。水平にスライドするように、既存の技術と関連性の高い新製品を、既存の市場と類似する市場に投入する多角化です。

たとえば、自動車部品を製造しているメーカーが、バイク部品に参入するようなケースがあげられます。

第二は「**垂直型多角化**」といいます。サプライ・チェーンの川上や川下に事業を広げるように、既存の技術と関連性が低い新製品を、既存の市場と類似する市場に投入する多角化です。

たとえば、衣料品を製造しているメーカーが、販売店をチェーン展開するようなケースが考えられます。

事業を多角化する４つの戦略

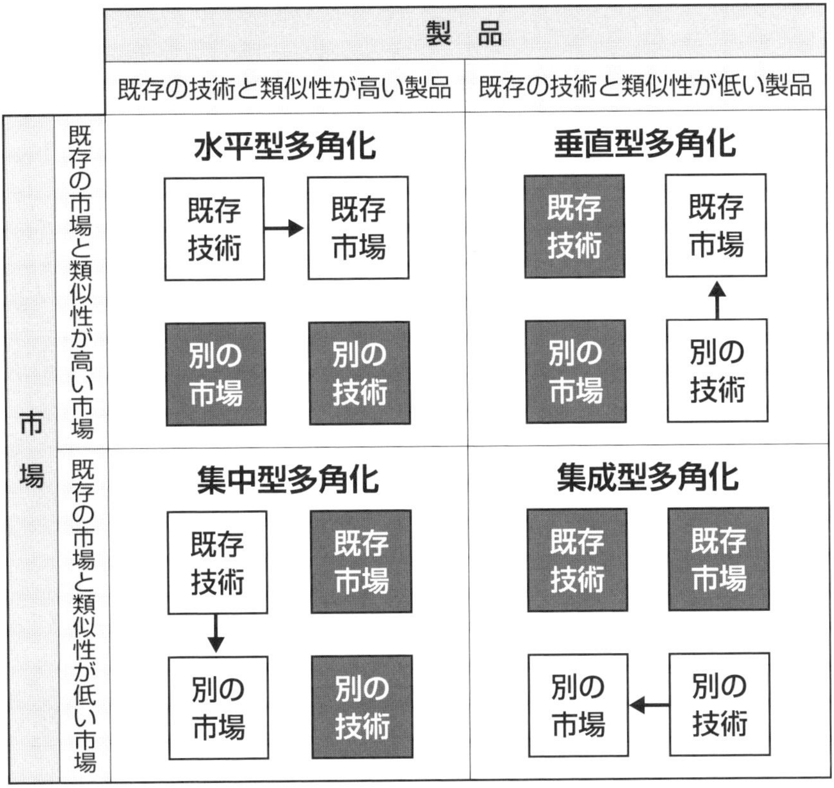

		製品	
		既存の技術と類似性が高い製品	既存の技術と類似性が低い製品
市場	既存の市場と類似性が高い市場	**水平型多角化** 既存技術 → 既存市場 別の市場　別の技術	**垂直型多角化** 既存技術　既存市場 別の市場　別の技術 → 既存市場
	既存の市場と類似性が低い市場	**集中型多角化** 既存技術 → 別の市場 既存市場　別の技術	**集成型多角化** 既存技術　既存市場 別の技術 → 別の市場

第三は「**集中型多角化**」です。既存の技術と関連性が高い新製品を、既存の市場と類似性が低い市場に投入します。

たとえば、光学カメラのフィルムを製造していたメーカーが、フィルムの技術を応用して化粧品事業に参入するようなケースです。

多角化戦略の第四は、「**集成型多角化**」になります。既存の技術と関連性が低い新製品を、既存の市場と類似性が低い市場に投入する多角化です。

たとえば、家電メーカーが、生命保険などの金融事業に参入するケースなどが該当します。

28

どんな市場でどんな技術を活かすか
——４つの多角化戦略

「集中」か、多角化か

一般に企業、とくに中小の企業の戦略は「集中」だといわれています。小さな会社でも、小さな市場で経営資源を集中すれば、大会社とも競争が可能だからです。

しかし、経営資源をひとつの事業に集中すると、その市場や顧客に何か変化があった場合に、まったく対処できないことがあります。事業の多角化によって、複数の事業を展開していれば、そうしたリスクを分散することが可能です。

また、ひとつの事業を続けるだけでは、顧客が固定化します。新しい顧客を獲得し、場合によっては本業の顧客化につなげることができるのも、多角化のメリットです。

４つの多角化戦略のメリットとリスク

それでは、前項で紹介した４つの多角化について、もう少し見ておきましょう。前項の説明だけでは、イメージがよくつかめないかもしれないので、右の図に多角化の例を少し加えておきました。

水平型多角化は、図にあげた例でもわかるように、技術も、市場も既存の製品に似ていることが特徴です。ですから、既存の技術や設備、さらに流通チャネルなども活かせるメリットがあります。

既存の製品の顧客や、培ったノウハウ、ブランド・イメージなども活用できるので、比較的リスクが小さい多角化戦略といえます。

一方、**垂直型多角化**では、技術が既存の製品と異なります。前項であげた、衣料品メーカーが販売店をチェーン展開する例でも、メ

４つの多角化戦略の例

例 <水平型多角化>	例 <垂直型多角化>
●プリンターのメーカーがＦＡＸ機を生産する ●缶のお茶メーカーが缶コーヒーを生産する	●コーヒー・ショップ・チェーンがコーヒー園を経営する ●パソコンのメーカーが通販でパソコンを販売する
例 <集中型多角化>	例 <集成型多角化>
●カメラのメーカーが医療用光学機器を開発・生産する ●カーオーディオ・メーカーがカーナビを生産する	●コンビニ・チェーンが銀行を設立する ●楽器のメーカーがオートバイを開発・生産する

ーカーは直接、消費者に販売するノウハウを持っていなかったはずです。

しかし、衣料品メーカーは市場と顧客のことをよく知っています。よく知っている市場で事業に乗り出せる点が、垂直型多角化のメリットです。

集中型多角化では反対に、技術のことがよくわかっています。その技術を、的確に活かせる事業を選択して多角化することがポイントです。

集成型多角化は、技術も市場も似ていないので、よく知らない市場で新しい技術にチャレンジすることになります。リスクは最も大きくなるでしょう。しかし、選択した市場の成長性が高ければ、リスクに見合ったハイリターンが期待できます。

29

会社が成長する方法は３つある
——成長機会の評価

企業が成長するには「統合的成長」もある

企業の成長戦略は、アンゾフがあげた４つの成長戦略だけなのでしょうか。

マーケティングの神様、フィリップ・コトラーは、「売上と利益を増やす方法」、すなわち会社を成長させる方法は３つあるといっています。

ひとつの方法は「**集中的成長**」です。アンゾフの市場浸透戦略、新市場開拓戦略、新製品開発戦略にあたります。

もうひとつの方法は「**多角的成長**」です。アンゾフの多角化戦略にあたりますが、コトラーは３つの多角化をあげています。

コトラーのいう「同心円的多角化」は集中型多角化に、「水平的多角化」は水平型多角化に、「コングロマリット的多角化」は集成型多角化にあたるものです。コングロマリットとは、多様な事業、業種が集合した複合企業体のことをいいます。

そして、アンゾフがあげていないもうひとつの方法が「**統合的成長**」です。

- **集中的成長**：市場浸透戦略、新市場開拓戦略、新製品開発戦略
- **統合的成長**：他社の事業を買収することによって成長する
- **多角的成長**：多角化戦略によって成長する

統合的成長では、他社の事業を買収することによって企業が成長します。サプライ・チェーンの上流を買収するのが「**後方統合**」、

後方統合、前方統合、水平統合とは

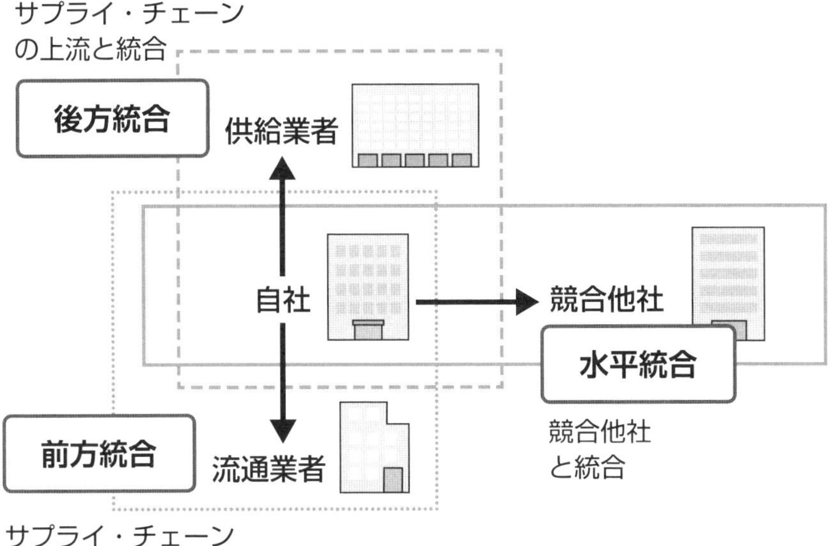

下流を買収するのが「**前方統合**」です。競合他社を買収するのは「**水平統合**」になります。

現在の事業の「成長機会」もチェックする

コトラーはまた、会社の成長のためには、新しい事業を検討すると同時に、「事業の合理化ないしは廃止」を検討すべきだと述べています。

つまり、成長戦略や多角化戦略で会社を成長させる一方で、現在の事業も見直し、成長が見込めない事業は合理化するか、撤退の決断をするということです。

それによって、成長が見込めない事業に配分していた経営資源を、成長が見込める事業に回し、コストも削減することができます。このように、事業の成長性を検討するプロセスを、コトラーは「**成長機会の評価**」と呼んでいます。

30

市場の成長率とシェアから成長戦略をたてる
——ＰＰＭ分析

「プロダクト・ポートフォリオ・マネジメント」とは

成長機会の評価もそうですが、事業への経営資源の配分は、全社戦略にとって重要な課題です。経営資源は、どのように配分するのがよいのでしょうか。

その事業に、重点的に経営資源を配分して大きく育てるのか、そこそこの経営資源の配分で現状維持をはかるのか、成長が見込めない事業は撤退も検討する必要があるのか…、事業の成長性を見きわめて経営資源の配分を決めなければなりません。

そうしたときに利用されるフレームワークに、「**事業ポートフォリオ**」と呼ばれるものがあります。

事業ポートフォリオにもいくつかのやり方がありますが、ここではアメリカのコンサルティング会社、ボストン・コンサルティング・グループが開発した「**プロダクト・ポートフォリオ・マネジメント**」、略して「**ＰＰＭ**」を紹介しましょう。

プロダクト（製品）という名前が付いていますが、事業や、サービスの分析にも使える手法です。

自社の事業をマトリクスにプロットする

ボストン・コンサルティング・グループのＰＰＭでは、右の図のように、横軸に市場占有率をとり、縦軸に市場成長率をとったマトリクスを使います。

ここで使う市場占有率は、「相対的市場占有率」です。一般の市場占有率が、市場全体に対する占有率を示すのに対し、相対的市場占有率は、特定の競合他社と比較して計算します。対象の競合他社

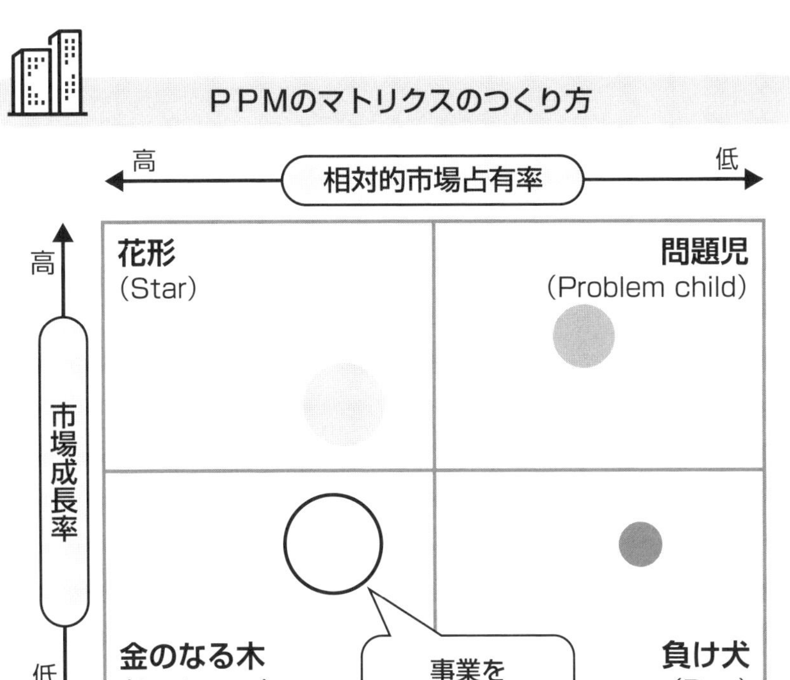

は、自社以外の業界シェアトップの企業などです。

自社のシェアが、トップ企業の何％にあたるかがわかり、業界内での自社の位置を知ることなどができます。

このマトリクスに、自社の事業をプロットしていきます。市場占有率の高低と、市場成長率の高低に応じて、それぞれの位置に置いていくわけです。

そうすると、それぞれの事業は４つのマスのどれかに入りますが、各マスには図のような名前が付いています。「**花形**」「**金のなる木**」「**問題児**」「**負け犬**」の４つです。

ちなみに、図のカッコ内にあげたのは元の英語の名前ですが、日本語の名前とほぼ同じ意味になっています。

では、この４つのマスはどう見ればよいか、それは次の項から見ていきましょう。

31

市場シェアが高い事業が選ぶ戦略は
――花形と金のなる木

市場占有率・成長率と利益・コストの関係

一般的に、市場占有率が高い事業は売上も大きく、大きな利益が上がるので、より多くの資金（経営資源）を生み出します。

また、市場成長率が高い事業は将来性が期待できる反面、シェアの維持や拡大に大きなコストがかかるものです。

市場占有率や市場成長率が低い事業は、その反対です。市場占有率が低い事業は売上が小さく、利益が上がらないので、資金を生み出すことができません。

一方、市場成長率が低い事業は、将来性が期待できない反面、大きなコストもかからないものです。

以上のような傾向から、ＰＰＭの４つのマスの特徴と、経営資源を配分する方向性が見えてきます。

花形は金のなる木をめざす

まず、「花形」は、市場占有率も高く市場成長率も高い事業です。要するに、いまいちばん売れている事業、伸びている事業といえます。

当然、大きな利益が出ているはずですが、いまの大きなシェアを維持するには、大きなコストがかかります。経営資源の大きな配分が必要です。

そこで、花形の戦略は、一定の経営資源を投下して、いまのシェアを守りつつ、市場の成長率が鈍る成熟期（☞84ページ）に、金のなる木をめざすことです。なぜなら、後で説明するように、会社全体にとって**最も好ましいのは金のなる木**だからです。

ＰＰＭでわかる経営資源の適切な配分

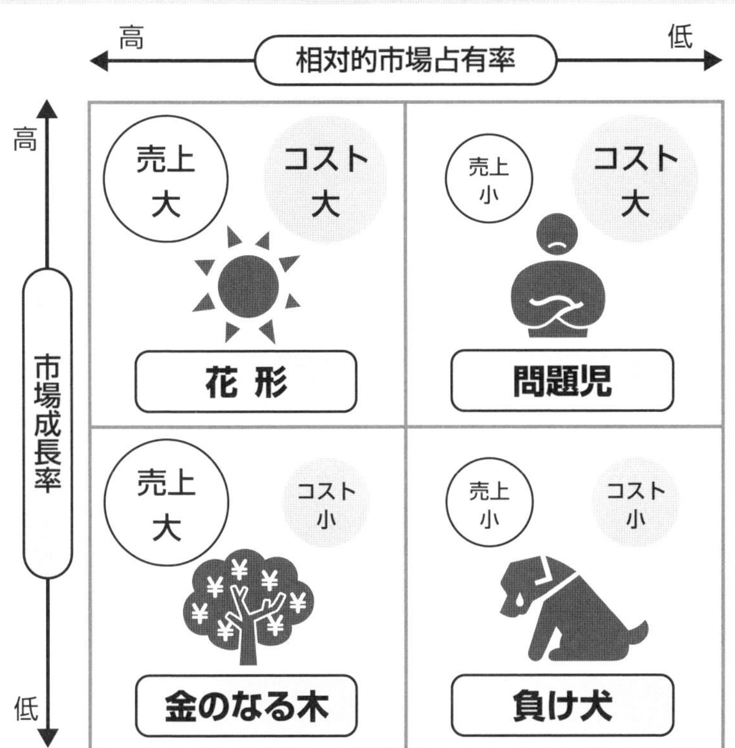

金のなる木は配分する資金の原資を生み出す

次に、「金のなる木」は、市場占有率は高いものの、市場成長率が低い事業です。つまり、事業としての成長率は鈍っているが、シェアは高いので、小さなコストで、大きな利益と資金（経営資源）を生み出すことが見込めます。

この資金は、他の事業も含めて、会社全体の成長のための原資になるものです。

そこで、金のなる木の戦略は、最小限の経営資源で、できるだけ利益を上げることになります。その利益で生み出された資金が、他の事業に配分する経営資源の原資になるわけです。

32

市場シェアが低い事業が選ぶ戦略は ——問題児と負け犬

問題児は花形に育てるか、撤退する

「問題児」は、市場の成長率は高いものの、市場占有率が低い事業です。つまり将来、大きく成長する期待はできるが、いまは儲かっていないことになります。

シェアが低いため利益が出ず、成長率が高い分、シェアを伸ばすには大きなコストがかかるでしょう。シェアを高めるには、大きな経営資源の配分が必要ということです。

注意したいのは、**ほとんどの新製品が問題児としてスタートする**ことです。たいていの新製品はいま、成長している市場に投入されます。また、新製品ですから、最初はシェアが低いのは当たり前です。

そこで、問題児の戦略は、期待できる新製品の事業なら大きな経営資源を配分して、花形に育てることになります。

ただし、将来が期待できない新製品や、旧来の製品で問題児になっている事業は、花形に育つ可能性が低いものです。思い切って、撤退するのもひとつの選択肢になります。

負け犬はできるだけ利益を増やすか、撤退する

４番目の「負け犬」は、市場成長率、市場占有率ともに低い事業です。すでに衰退期（☞84ページ）の終わりに入っているか、失敗した事業と考えられます。

当然、利益もあまり出ません。しかし、花形や問題児のような特別な施策も必要としないので、かかるコストは小さなものです。

そこで、負け犬の戦略のひとつは、いまよりもできるだけ利益を増やすことが考えられます。そのためには一定の経営資源を配分し、

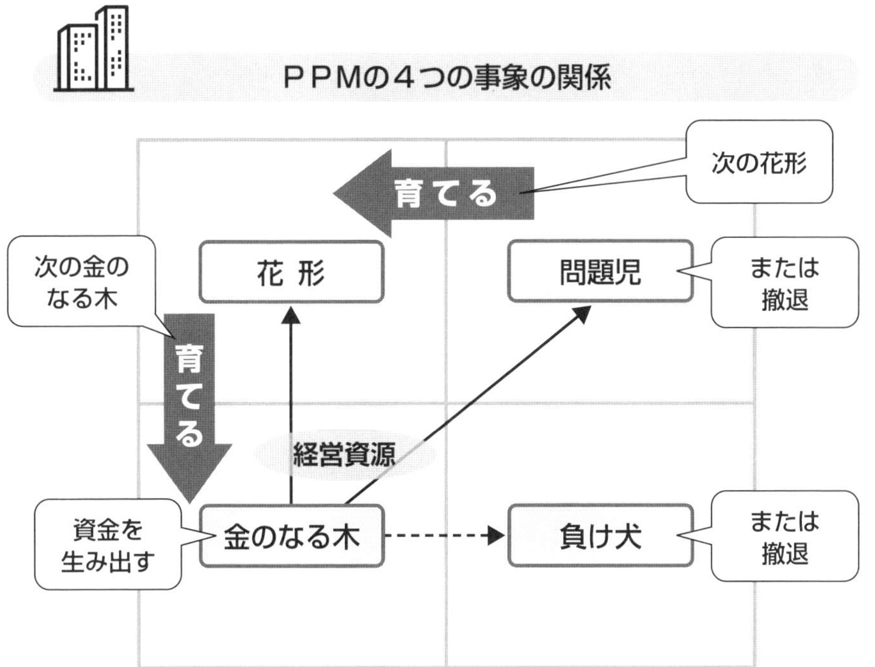

現在は行なっていない施策なども講じることです。

もうひとつの選択肢は、思い切って撤退する決断になります。

全体として経営資源の配分を考えてみると

ここまでの話をまとめてみると、全体としての戦略は次のようなものです。

まず、現状では金のなる木が、原資となる資金（経営資源）を生み出しています。しかし、金のなる木は市場成長率が低く、将来は期待できません。金のなる木が生み出した資金を、花形に投下して、次の金のなる木に育てることが必要です。

しかし、花形が次の金のなる木に育つと、次の次の金のなる木になる花形がなくなってしまいます。そこで、問題児のなかから、将来が期待できる事業を選んで資金を投下します。次の花形に育てるためです。このようにして、経営資源の配分を決めることができます。

33 ライフサイクルのどの時期かで戦略も変わる
——事業ライフサイクル①

事業にもライフサイクルがある

衰退期とか成熟期とか、経営資源の配分の話のなかで時期が問題になることがありましたが、これらは「**事業ライフサイクル**」の時期のことです。その事業が、事業ライフサイクルのなかのどの時期かで、経営資源の配分も変わってきます。

事業ライフサイクルとは、人の一生と同じように、事業にもライフサイクルがあるという考え方です。一般的には「導入期」「成長期」「成熟期」「衰退期」の４つに分けて考えます。

事業ライフサイクルのグラフでは、売上などはＳ字に近いカーブを描きます。なぜＳ字になるかというと、導入期から成長期にかけて急速に売上などが拡大し、カーブのへこみができるためです。

事業ライフサイクルは、経営資源の配分を考えるうえでも重要です。その概要を知っておきましょう。

「導入期」に経営資源の配分は欠かせない

導入期は、新製品を市場に投入し、製品の販売を始めた時期です。この時期の事業は、顧客の製品に対する認知度が低く、売上もすぐには伸びません。

一方で、顧客の認知度を上げ、需要を拡大するための広告宣伝や、各種の施策に大きなコストがかかります。大きな経営資源の配分が必要だということです。

売上が小さいので利益も出にくく、事業の損益は赤字の場合がほとんどでしょう。しかし、この時期に経営資源の配分、すなわち資金の投下は欠かせません。

事業ライフサイクルの時期別売上と利益

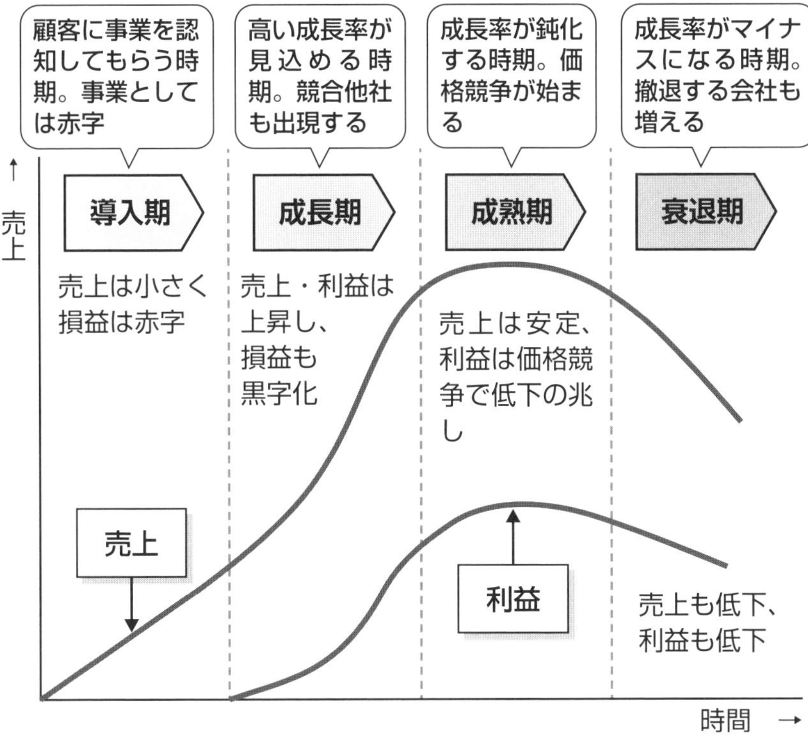

顧客に事業を認知してもらう時期。事業としては赤字

高い成長率が見込める時期。競合他社も出現する

成長率が鈍化する時期。価格競争が始まる

成長率がマイナスになる時期。撤退する会社も増える

↑売上

導入期

成長期

成熟期

衰退期

売上は小さく損益は赤字

売上・利益は上昇し、損益も黒字化

売上は安定、利益は価格競争で低下の兆し

売上

利益

売上も低下、利益も低下

時間 →

「成長期」は最も経営資源が必要な時期

成長期になると、競合他社も増え、競争も激しくなるので、それに対する施策が必要になります。そのコストをまかなうために、引き続き経営資源の配分が必要です。

また、売上と利益は急速に大きくなり、製品の増産体制や、販売体制の増強にもコストをかけることが必要になります。ライフサイクルを通して、最も大きな経営資源の配分が必要な時期です。

この時期には売上が増えるため、「規模の経済」（☞62ページ）によってコストが下がり、事業の損益が黒字に転化していきます（次項に続く）。

34

製品にもライフサイクルがある
——事業ライフサイクル②

事業ライフサイクルと「製品ライフサイクル」

前項とこの項では、事業ライフサイクルについて説明していますが、「**製品ライフサイクル**」もあります。人の一生や事業ライフサイクルと同じように、製品にもライフサイクルがあるわけです。

事業ライフサイクルとの関係でいえば、どちらかといえば製品ライフサイクルの考え方が先にあり、事業ライフサイクルはそれを、事業のレベルまで拡大したものです。

製品ライフサイクルの時期も、事業と同じ導入期・成長期・成熟期・衰退期になっています。一つひとつの製品にも、ライフサイクルがあることを知っておきましょう。

それでは、前項の導入期・成長期に続き、事業ライフサイクルと製品ライフサイクルの成熟期と衰退期を見ていきます。

「成熟期」には大きなコスト負担がない

「成熟期」には、市場に製品が行きわたり、売上は大きくても成長率は鈍化するものです。そのため、売上は高い水準で安定し、利益も順調に上がります。

その一方で、成長期に高めた製品の認知度は維持され、生産体制や販売体制も整っているので、大きなコスト負担は必要ありません。

しかし、競合他社との価格競争が始まるのもこの時期です。価格競争は利益を圧迫しますから、まず利益に減少の傾向が見え始め、それを追うように売上も少しずつ下がり始めます。

「衰退期」には事業が「負け犬」になる

「衰退期」には、市場の需要自体も衰退するので、売上も利益も

事業ライフサイクルの時期別経営資源の配分

顧客に事業を認知してもらうのに大きなコストが発生
高い成長率が見込めるが、大きなコストもかかる
成長率は鈍化するが、大きなコスト負担はない
成長率がマイナスになるが、競争のコストは小さくなる
↑売上
導入期
成長期
成熟期
衰退期
売上は小さくとも、大きな経営資源の配分が必要
売上は上昇、経営資源は引き続き配分
売上は安定、大きな経営資源の配分は不要
一定の経営資源を配分するか、撤退か
売上
経営資源の配分
時間 →

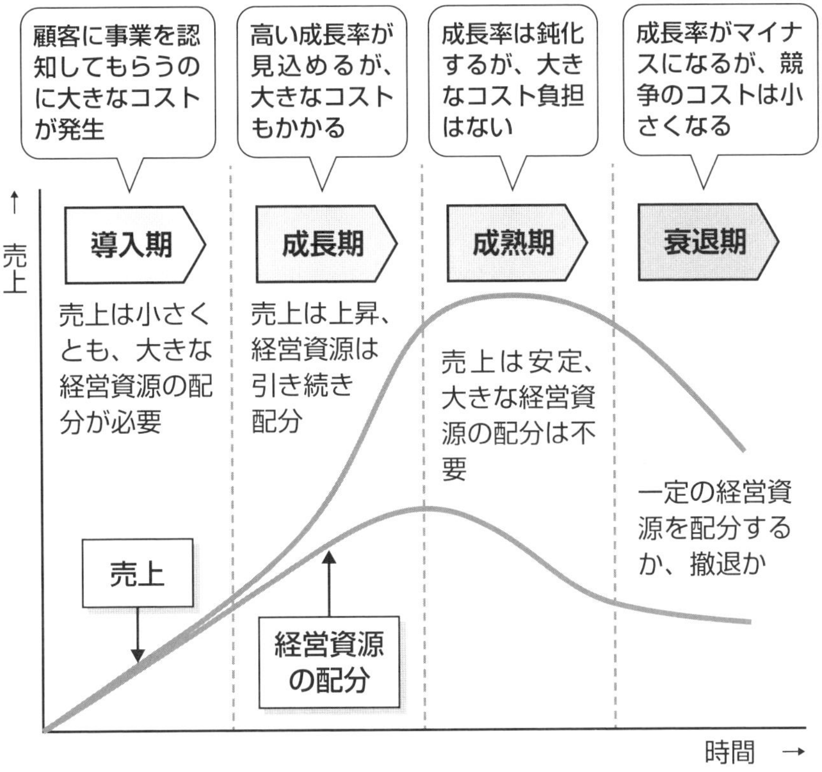

減るものです。それに加えて、市場にはコスト・パフォーマンスのよい代替品もあらわれます。すなわち、５Ｆ分析の「**代替品の脅威**」です（☞30、32ページ）。

ただし、成熟期の価格競争に敗れた競合が事業から撤退するので、競争のためのコストは少なくなるでしょう。市場で生き残れれば、黒字は維持できるかもしれません。

つまり、プロダクト・ポートフォリオ・マネジメントでいえば「負け犬」の状態です（☞80ページ）。一定の経営資源を配分して、少ない利益で存続をはかるか、思い切って撤退するかの検討も必要になります。

業界トップ企業の「イノベーションのジレンマ」とは

「イノベーションのジレンマ」とは、業界のトップ企業ほど、既存の製品の改良に気をとられ、イノベーション（革新、事業革新）に遅れをとることが多いという現象のことです。

ハーバード大学ビジネススクール教授のクレイトン・クリステンセンが、1997年に発表しました。

クリステンセンによれば、イノベーションには２つの種類があります。第一は、既存の製品の改良を進める**「持続的イノベーション」**。第二は、既存の製品の価値を破壊して新しい価値を生み出す**「破壊的イノベーション」**です。

たとえば、携帯電話でいえば、より小さく軽くしたり、電池が長持ちするようにするのが持続的イノベーション、通話以外にインターネット接続や、さまざまなアプリを使えるようにしたスマートフォンが、破壊的イノベーションといえるでしょう。

クリステンセンは、業界トップの優良企業ほど、持続的イノベーションに寄った戦略をとりやすく、新しい技術に乗り遅れることが多いと指摘しています。

たしかに、たとえばデジタルカメラは、当初、画質が悪く、画質の向上に努めていた光学フィルム・カメラのメーカーは、関心を寄せていませんでした。イノベーションのジレンマにおちいった、例のひとつといえるでしょう。

事業単位の経営戦略を立案する——事業戦略の手法

事業戦略とは競合に
勝利するための競争
戦略です。

35

最も基本になる事業戦略は何か
――ポーターの３つの基本戦略

３つの戦略のどれかで競争優位が確立できる

前章で見た会社としての成長戦略に対して、**事業戦略**は競合との競争に勝利するための**競争戦略**です。競争戦略にはどんなものがあるでしょうか。

有名な「**ポーターの３つの基本戦略**」と呼ばれるものがあります。戦略経営の第一人者、『競争の戦略』の著者、マイケル・ポーターが提唱した、最も基本的といえる３つの競争戦略です。

ポーターは、ファイブ・フォース・モデル（☞30ページ）で市場の構造を明らかにしたうえで、３つの戦略のどれかを採用すれば、競争優位の確立をめざせるとしています。

「競争優位」（競争優位性）とは、競合より品質のよい製品を提供できたり、より安い価格で提供できたりする、競争上の優位性のことです（☞36ページ）。

ポーターの３つの基本戦略とは、右の図の「**コスト・リーダーシップの戦略**」「**差別化の戦略**」「**集中の戦略**」の３つをさします。ポーターは、どのようにして数ある戦略のなかから、この３つの戦略を導き出したのでしょうか。

コストか、差別化か、それとも集中か

ポーターは図にもあるように、マトリクスの横軸に「競争上のポジショニング」、縦軸に「ターゲットの幅」をとりました。

競争上のポジショニングとは、競争優位の源泉を「低コスト」に求めるポジションをとるか、それとも独自の技術やノウハウによる「差別化」に求めるポジションをとるかということです。

「ポーターの３つの基本戦略」とは

また、ターゲットの幅は、ターゲット（標的顧客）を幅広く設定するか、それとも狭く設定するかということをさしています。これは、競争の範囲を広くとるか、狭くとるかということでもあります。

そこで、図のようなマトリクスを描くと、３つの戦略が導き出されます。まず、ターゲットを幅広くとって、コストにポジションを置くと、低コストで業界のリーダーシップをとる戦略です。

次に、ターゲットは幅広くとって、差別化にポジションを置くと、他社と差別化で競争する戦略になります。そして、ターゲットの幅を狭くとると、特定のセグメント（☞94、112ページ）に経営資源を集中する戦略になるわけです。

36

低コストで業界のトップをねらう
——コスト・リーダーシップ戦略

低コストで業界の価格決定権を握る

「**コスト・リーダーシップ戦略**」は、業界で最も低コストの会社をめざす戦略です。原価や経費などのコストを最も低く抑え、業界のリーダーをねらいます。

なぜ、低コストで業界のリーダーをねらえるかというと、低コストの会社は価格決定権を握ることができるからです。もし、業界で最低のコストを実現できれば、他社と同じ利益をのせても業界最安値を付けることができます。

また、他社と横並びの価格にしたとしても、業界最高の利益率で利益を上げることが可能です。どちらにしても、競合にとっては大きな脅威となります。

業界トップのシェアを押さえて、事実上、業界の価格決定権を持った企業は、マーケティングでは、「**プライス・リーダー**」と呼びます。

コストを低く押さえるには、通常のコスト削減で使われるような人件費抑制、原価削減、経費節減などのほか、「規模の経済」(☞62ページ)による大量生産、大量販売が効果的です。

市場でのシェアを高めて、いわゆる大量生産のメリットを活かせれば、大きなコスト削減が可能になります。

また、生産工程を効率化する技術の開発に努め、独自の技術で低コストを実現するのもひとつの方法です。

低コストで５つの脅威に対応する

コスト・リーダーシップ戦略による低コストは、業界の「５つの

低コストは5つの脅威に対応できる

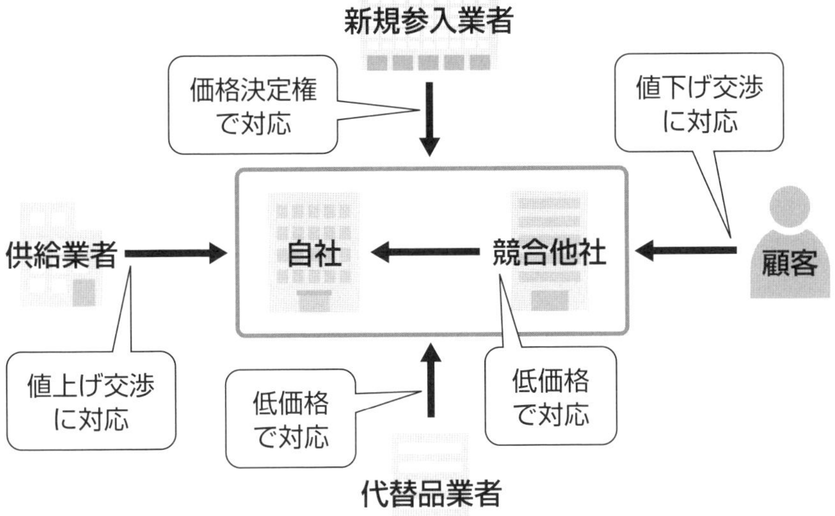

脅威」(☞30、32ページ)にも対応しやすい戦略です。

競合他社の脅威に対しては、同じ利益率でも、より低価格で製品を提供することができます。

また、新規参入の脅威に対しては、業界に低コストのプライス・リーダーがいること自体が参入障壁になります。

リーダーには価格決定権があり、新規参入業者は自分で価格を決めることができなくなるからです。

コスト・パフォーマンスのよい代替品に対しても、一定の程度、価格面で対応することができます。売り手の値上げ交渉、買い手の値下げ交渉にも、他社より対応できる幅が広く、競争上、有利です。

このように、5つの脅威にも対応しやすい戦略ですが、問題点は、もっと低コストの競合があらわれたときに、対応策がむずかしい点にあります。安い労働力を背景にした海外製品が登場した場合など、対応は困難です。

37

他社にない独自性で違いを際立たせる
——差別化の戦略

独自の製品やサービスで差別化する

コスト・リーダーシップの戦略が、低コストで競争優位性を築こうとするのに対し、「**差別化の戦略**」は、顧客のニーズに応える独自の製品やサービスで競合と差別化します。ターゲットを幅広くとっているので、大きな市場シェアをねらう戦略です。

コスト・リーダーシップ戦略との比較でいえば、多少、高コスト、高価格になっても、顧客に求められるような製品やサービスを提供します。

ですから、単純に他社と違う独自性をつくり出すだけでなく、顧客にとって他社より価値がある製品やサービスをつくり出し、より価値があると顧客に知ってもらうことが大切です。

差別化がうまくいくと、業界の価格競争に巻きこまれるようなことはなくなります。差別化された製品やサービスを購入する顧客は、低価格を基準に選んでいるわけではないからです。

たとえ、業界にプライス・リーダーがいて価格決定権を握っていても、その価格にしばられることなく、価格を設定することができます。

また、安価な海外製品が入ってきたような場合にも、対策は容易です。

製品やサービスだけが差別化の方法ではない

差別化された製品やサービスといってきましたが、自社の製品やサービスを他社と差別化する方法は、製品やサービスだけではありません。

右の表は、マーケティングの神様、フィリップ・コトラーによる

コトラーによる差別化の方法の分類

製品 による差別化	形態／特徴／性能品質／適合品質（仕様を満たしているか）／耐久性／信頼性／修理可能性／スタイル／デザイン
サービス による差別化	注文の容易さ／配達／取付け／顧客トレーニング（使用できるまで教育）／顧客コンサルティング（アドバイスなど）／メンテナンスと修理
スタッフ による差別化	コンピタンス（スタッフの技能と知識）／礼儀正しさ／安心感／信頼性／迅速な対応／コミュニケーション
チャネル による差別化	カバレッジ（代理店の多さなど）／専門技術や専門知識（代理店などへの技術や知識の教育）／パフォーマンス（代理店などの能力）
イメージ による差別化	アイデンティティ（会社や製品がどのように特徴づけられているか）／イメージ（消費者がどのように見ているか）

分類ですが、差別化の方法には「製品」と「サービス」のほかに、「スタッフ」「チャネル」「イメージ」があるとしています。そして、それぞれに表の右側のような要素があるわけです。

たとえば、スタッフで見ると、礼儀正しさや安心感も差別化の要素になります。チャネル（流通）で見ると、代理店が多くてすぐ近くで買えるようなことも、差別化の要素です。

つまり、製品やサービスで差別化ができない場合でも、差別化の戦略を採用することができます。

では、どこで、何で差別化をするか、それを考えるにはポーターのバリュー・チェーン分析が役に立つでしょう（☞34ページ）。主活動と支援活動のどこに、自社の差別化の要素があるかを見ていけば、競争優位性の構築につながります。

38 小さな市場に経営資源を集中する
——集中の戦略

集中の戦略は「セグメント」に集中する

コスト・リーダーシップの戦略、差別化の戦略と見てきて、基本戦略の第三は「**集中の戦略**」です。

コスト・リーダーシップの戦略には、徹底したコスト低減が必要になります。どこの会社でも採用できる戦略とはいえません。また、差別化の戦略には、差別化ができる強みが会社に必要です。どんな会社でも採用できるとはいえないでしょう。

そこで、３番目の集中の戦略です。この戦略を採用すると、小さな会社でも特定の市場でなら、大会社と競争することができます。

集中の戦略は、市場を細かく分けて見ることから始まります。たとえば、地域、顧客の年齢、ライフスタイル、購買行動といった基準で、市場を細かく分けて見るわけです。

これを「**セグメンテーション**」(市場細分化☞112ページ）といい、細分化された市場を「**セグメント**」と呼びます。

そして、特定のセグメントの顧客にターゲットを絞って、経営資源を集中するというのが集中の戦略です。そのセグメントで最大のシェアを獲得してリーダーになったり、競合と差別化することをねらいます。

集中には「コスト集中」と「差別化集中」がある

ポーターは３つの基本戦略を提唱した当初、コスト・リーダーシップと差別化の戦略はトレードオフ（二者択一）の関係にあり、両者を同時に追求すると、競争優位性は獲得できないとしていました。

しかし、インターネットの登場により「差別化と集中と低コスト

「コスト集中」「差別化集中」とは

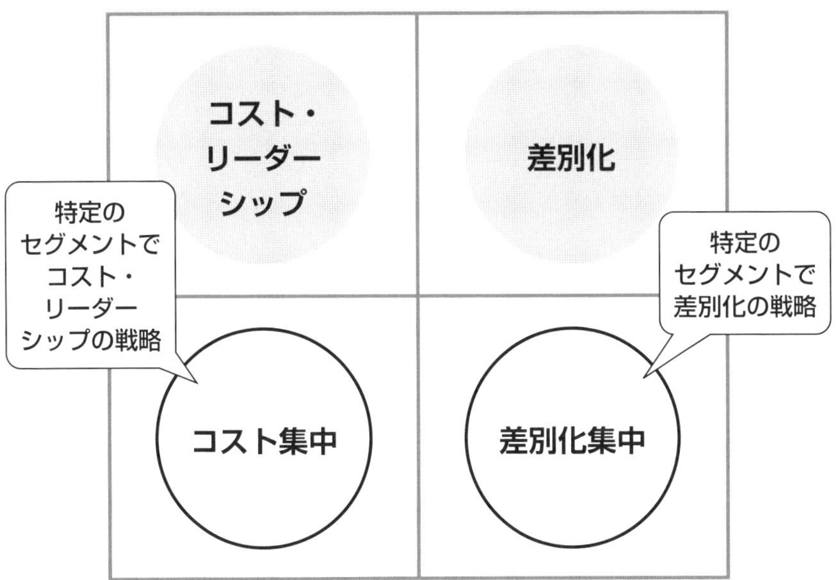

を実現している企業もある」と、集中の戦略も含めて同時追求が可能と、見解を変えています。

さらに、集中の戦略は当初、89ページの図にあるように一つでしたが、のちに集中には「コスト集中」と「差別化集中」があるとも述べています。

つまり、セグメントのなかでコスト・リーダーシップの戦略をとるか、差別化の戦略をとるか、選択が可能ということです。

これをあらわしたのが、上の図です。特定のセグメントでコスト・リーダーシップの戦略をとると「**コスト集中**」の戦略になり、差別化の戦略をとると「**差別化集中**」になります。

この図を見ると、“ポーターの４つの基本戦略”と呼びたくなりますが、実際にはそのような呼び方はされていません。元のとおり、「ポーターの３つの基本戦略」が正しい呼び方です。

39

業界シェアによっても戦略は変わる
——コトラーの競争地位別戦略①

会社の業界シェアは何番手か

競争戦略の考え方として、ポーターの３つの基本戦略と同じくらい有名なのが、会社のマーケット・シェア（市場占有率）から戦略を導き出す方法です。

フィリップ・コトラーが提唱したもので、「**コトラーの競争地位別戦略**」と呼ばれています。競争地位とは、業界でのシェアが何番目かということです。

シェアトップの会社は「**マーケット・リーダー**」、２～３番手の会社は「**マーケット・チャレンジャー**」または「**マーケット・フォロワー**」、それ以外を「**マーケット・ニッチャー**」といいます。これらの名前は、各社がとる戦略の基本をあらわすものです。

それぞれの競争地位別の戦略とは

マーケット・リーダーの戦略の基本は、市場自体が拡大するような努力をすることです。なぜなら、リーダーはその市場で大きなシェアを押さえています。市場の需要が拡大すれば、ほぼ自動的にリーダーの収益も増えます。

そして、市場拡大の効果を受け取るためにも、リーダーは現在のシェアを守らなければなりません。できれば、自社の収益率が最も高くなるシェアをめざします。

シェア２～３番手の会社は、マーケット・チャレンジャーの戦略か、マーケット・フォロワーの戦略を選ぶことができます。

チャレンジャーの戦略を選んだ場合は、積極的な攻勢にでて、他社のシェアを奪う戦略が基本です。リーダーに対する攻勢は、リス

「コトラーの競争地位別戦略」とは

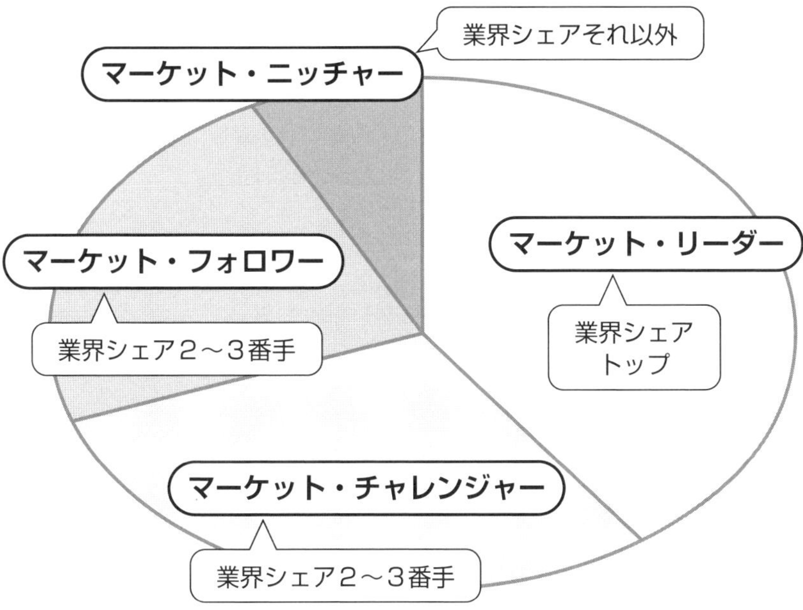

クが高い代わりに、リターンも大きくなります。

一方、市場全体を相手にチャレンジャーになる代わりに、特定のセグメント（ニッチ）で、セグメントのリーダーをねらうのがマーケット・ニッチャーです。

他社が興味をもたないほど小さく、しかし有望なニッチを選ぶことができれば、他社と競争せずにニッチのリーダーになれます。

そして、フォロワーの戦略の基本は、リーダーに挑戦するより追随（フォロー）することです。一般的には、リーダーの製品やサービスを模倣して、似た製品やサービスを市場に送り出します。

フォロワーの戦略では、リーダーをねらうことはできませんが、製品の開発コストなどがあまりかからないので、高い収益率が期待できます。

40

業界内の地位によりどんな戦略があるか
――コトラーの競争地位別戦略②

マーケット・リーダーの４つの戦略とは

より具体的にいうと、マーケット・リーダーには右の図の４つの戦略が重要とされています。

①「**周辺需要拡大戦略**」とは、前項で見たように、市場そのものを大きくすることです。最大のシェアを押さえているリーダーは、市場が大きくなることで最大の恩恵を受けることができます。

②「**同質化戦略**」は、チャレンジャー対策です。後で説明するように、チャレンジャーの戦略の基本は差別化ですから、その差別化を模倣・追随することでチャレンジャーの戦略を無力化します。

③「**非価格戦略**」は、他社の低価格戦略に対抗しないことです。価格競争になると、リーダーは最も大きなダメージを受けます。

④「**最適シェア維持戦略**」は、最も収益率が高いシェアを維持することです。シェアが高すぎるのは、その維持に大きなコストがかかるなど、必ずしもよいことばかりではありません。最も自社の収益率が高くなるシェアをねらって、それに近づけ、維持します。

チャレンジャー、ニッチャー、フォロワーの戦略は

リーダーに対して、マーケット・チャレンジャーは文字どおり、挑戦する立場です。とはいえ、経営資源の面でリーダーに及ばないからこそ、チャレンジャーの地位にいるわけですから、チャレンジは簡単ではありません。

そこで、チャレンジャーが選択する戦略は、「差別化」です。リーダーにない、独自の製品やサービスで、リーダーにとって代わることをめざします。

これに対抗してリーダーが、チャレンジャーのものと似た製品や

それぞれの地位別にとる戦略は

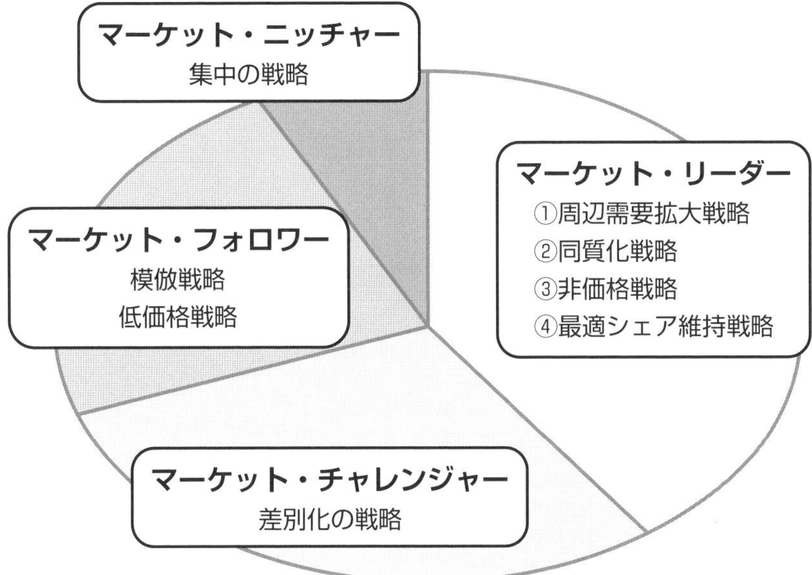

サービスを送り出してくるのが、リーダーの同質化戦略です。

一方、マーケット・ニッチャーは、市場での競争に加わらない立場にあります。ニッチャーは小さな会社であることが多く、まともに競争したのでは他社にたち打ちできません。

ですから、特定のニッチを選び、経営資源を集中するわけです。戦略としては、「集中」になります。

マーケット・フォロワーは、市場のリーダーをめざさず、かといって特定のニッチもねらわない立場です。

戦略としては、リーダーやチャレンジャーの「模倣」がまず考えられます。また、模倣の戦略には、開発コストなどが少なくて済むメリットがあるので、そこから「低価格」の戦略をとって、他社に対抗することも可能です。

41

経営資源の量と質により戦略が決まる ——嶋口モデル

量的経営資源、質的経営資源とは

コトラーの競争地位別戦略は、市場シェアから競争地位を分類しますが、経営資源の量と質という視点から分類する考え方もあります。日本の経営学者、嶋口充輝（しまぐちみつあき）氏による「**嶋口モデル**」です。

嶋口モデルでは、「量的経営資源の量」と「質的経営資源の質」というものを考えます。量的経営資源、質的経営資源とは次のようなものです。

- **量的経営資源**：投入資金量、販売拠点数、生産能力など
- **質的経営資源**：技術力、マーケティング力、ブランドなど

つまり、量的経営資源は会社の資産のようなもので、金額や数量であらわすことができます。一方、質的経営資源のほうは、数字であらわしにくい、形のないものです。

この量と質を右の図のように、横軸に量的経営資源の量の多少、縦軸に質的経営資源の質の高低をとります。すると、４つの競争地位が示されるのです。

競争地位別の基本方針と目標がわかる

量的経営資源の量が多く、質的経営資源の質も高いのはマーケット・リーダーです。経営資源の量が多くても、質が低いのはマーケット・チャレンジャーになります。

反対に量が少なく、質が高いのはマーケット・ニッチャーです。嶋口モデルでは、量的経営資源の量が少なく、質的経営資源の質も低いのがマーケット・フォロワーとされます。

嶋口モデルによる競争地位別戦略は

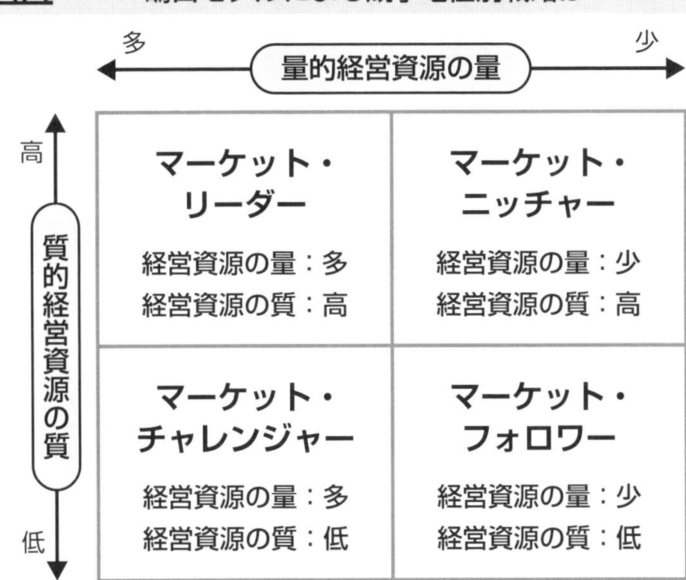

この分類から、競争地位別戦略の基本方針と、目標が導き出されるわけです。基本方針は次のようなものです。

- マーケット・リーダー…………全方位戦略
- マーケット・チャレンジャー…差別化戦略
- マーケット・ニッチャー………集中戦略
- マーケット・フォロワー………模倣戦略

リーダーの全方位戦略（フルライン戦略）とは、市場のすべての製品やサービスを網羅して、あらゆるニーズに応えようとするものです。市場を大きくすることにつながるので、リーダーの利益になります。

目標は、リーダーでは最大シェア、最大利益などの追求ですが、チャレンジャーではシェアを増大させることです。ニッチャーとフォロワーでは、目標はシェアの増大でなく、利益の獲得になります。

42

大企業にも勝てる「弱者の戦略」とは
——ランチェスターの第一法則

第一法則は「戦闘力＝武器の効率×兵力数」

ポーターの３つの基本戦略の「集中」、コトラーの競争地位別戦略のニッチャーの戦略「集中」は、小さな会社が市場で大会社と戦うときの「**弱者の戦略**」です。

弱者の戦略をまとめた有名なものに「**ランチェスターの第一法則**」があります（第二法則は「強者の戦略」☞次項）。イギリスの航空技術者フレデリック・ランチェスターが、第一次大戦中の空中戦を分析して、戦いに勝つ法則をまとめたものです。

それが第二次大戦で軍事戦略として研究され、戦後、経営戦略としてとり入れられました。日本でも「**ランチェスター戦略**」と呼ばれて、一大ブームを巻き起こしたものです。

弱者の戦略と聞くと、ばく然とした精神論のようなイメージですが、ランチェスターの法則は技術者らしく、ちゃんと数式に表現されています。右の上図が第一法則です。

つまり、局地的な戦闘機の空中戦のような戦いでは、武器の効率が同じならば、兵力数の差がそのまま戦闘力の差になります。

限られた区域での戦いでは、国力や全体の兵力に関係なく、その区域の兵力数の差が戦闘力の差になってあらわれるわけです。すなわち、勝敗を分けることになります。

小さな会社でも、ニッチの市場に経営資源を集中すれば、その市場では大会社に勝てるというのはそういうわけです。

「局地戦」に持ち込めば「一点集中」が活きる

このような第一法則による弱者の戦略は、五大戦法としてまとめ

ランチェスターの第一法則は「一点集中」

ランチェスターの第一法則

戦闘力 ＝ 武器の効率 × 兵力数

戦闘力＝武器の効率１×兵力数５
＝５

戦闘力＝武器の効率１×兵力数３
＝３

戦闘力の差 ＝ 戦闘力５ － 戦闘力３ ＝ ２

られています。

①局地戦　②接近戦　③一騎討ち　④一点集中　⑤陽動作戦

マーケティングでいえば、狭いニッチの市場（局地戦）、顧客との緊密なコミュニケーション（接近戦）、競合の少ない市場（一騎討ち）、経営資源の集中（一点集中）、競合が思いもよらない差別化（陽動作戦）といったところでしょうか。

小さな会社が市場で大会社と戦うような場合、とくに重要になるのが「局地戦」と「一点集中」です。

ポーターの３つの基本戦略のうち、集中の戦略が市場をセグメントに分けることから始まるのは、大会社との戦いを局地戦に持ち込むためにほかなりません（☞94ページ）。それがあってこそ一点集中、すなわち集中の戦略が活きます。

43

大企業が確実に勝つ「強者の戦略」とは
——ランチェスターの第二法則

第二法則は「戦闘力＝武器の効率×兵力数の２乗」

ランチェスターの第二法則は、「**強者の戦略**」です。いわば大企業が、自社より小さな会社に確実に勝つ戦略といえます。

第二法則は、右の上図のような数式です。一見、第一法則と似ていますが、違いは兵力数が２乗になっている点にあります。兵力数の差が、より大きな差になってあらわれるわけです。

その理由の細かい説明は省きますが、結果として右の例のように、第一法則では２だった戦闘力の差が、第二法則では16もの差に広がります。

これなら大企業は、確実に勝つことができるでしょう。

「広域戦」に持ち込むことが大前提

ランチェスターの第二法則も、五大戦法にまとめられています。第一法則と正反対ですが、次のようなものです。

①広域戦　②遠隔戦　③確率戦　④総合戦　⑤誘導戦

「広域戦」とは、大きな市場で戦うことです。第一法則のような局地戦は、そもそも最初から避けます。

「遠隔戦」は、軍事でいえば射程の長い銃で撃ち合うようなものです。同じたとえでいえば、第一法則の接近戦は、剣や槍で渡り合うことになります。

遠隔戦をマーケティングでたとえると、製品やサービスのテレビＣＭを大規模に打つようなものです。接近戦は、営業パーソンが地道に取引先を訪問するようなことといえます。

ランチェスターの第二法則は「広域戦」

ランチェスターの第二法則

戦闘力 ＝ 武器の効率 × 兵力数の２乗

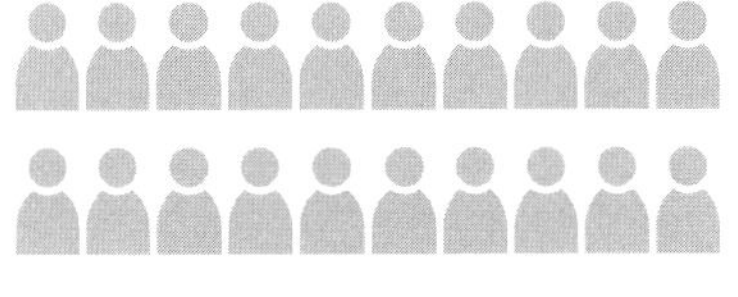

戦闘力＝武器の効率１×兵力数5^2
＝25

戦闘力＝武器の効率１×兵力数3^2
＝9

戦闘力の差 ＝ 戦闘力25 － 戦闘力9 ＝ 16

「確率戦」とは、要するに数で勝負することです。必ず相手より多くの兵力（経営資源）を投入して集団戦に持ち込み、一騎討ちにならないようにします。

「総合戦」は、大企業の総合力を活かす戦い方をすることです。弱者の戦略が経営資源を一点集中するのに対し、広い市場に豊富な経営資源を投下して総合力で勝ちます。

「誘導戦」は、ひと言でいうと自分の土俵に引き込むことです。弱者の戦略が、局地戦で一点集中しようとするところを、大企業の土俵である広域戦に誘導して、総合戦に持ち込みます。

ランチェスターの第二法則では、大きな市場で戦う広域戦であることが大前提です。狭い市場の局地戦に持ち込まれると、一点集中する相手に後れをとらないとも限りません。

そのためには誘導戦で誘導し、そのうえで遠隔戦、確率戦、総合戦を行なうのが強者の戦略です。

44

「赤い海」で競争をしない戦略とは
——ブルー・オーシャン戦略

競争のない青い海、「ブルー・オーシャン」とは

競争戦略について見てきた章の最後は、競争をしない戦略です。

韓国の経営学者チャン・キムと、アメリカの経営学者レネ・モボルニュが提唱したもので、その名も「**ブルー・オーシャン戦略**」といいます。

ブルー・オーシャンという名前は、激しい競争が必要になる普通の市場を、赤い海にたとえたことからきています。赤は、血で血を洗うようなイメージです。

しかし、赤い海の外側には広大な青い海、つまり競争のない市場が広がっていると、キムとモボルニュは説きます。青い海は、具体的にはまだ誰も参入していない、未開拓の市場のことです。

その青い海の例として、キムは任天堂のゲーム機、Ｗｉｉをあげています（ブルー・オーシャン戦略の発表は2004年）。

Ｗｉｉは、従来のゲーム機がターゲットとした10代後半前後をねらわず、小さな子どもや中高年のおとなを、ユーザーとして想定して開発されています。

そして、家庭用ゲームの業界に、10代後半以外の子どもや、おとなという新しい市場を開拓したわけです。

低コストと差別化を両立させることが必要

ブルー・オーシャンを開拓するには、「**バリュー・イノベーション**」が必要とされています。バリュー・イノベーションとは、低コストと差別化を同時に実現することです。

この２つは、ポーターの３つの基本戦略では当初、トレードオフ（二者択一）とされていたものですが、ブルー・オーシャン戦略で

「アクション・マトリクス」とは

低コスト	差別化
「取り除く」 業界で当たり前と考えられている要素で、取り除けるものはどれか 例 コントローラーの複雑な機能と操作性	**「増やす」** 業界の標準と比べて、大胆に増やすべき要素はどれか 例 ゲームソフトの数
「減らす」 業界の標準と比べて、大胆に減らすべき要素はどれか 例 高機能のグラフィックなど高性能のハードウェア	**「付け加える」** 業界でかつて提供されていない、新たに創造すべき要素はどれか 例 ゴルフクラブやテニスラケットにもなるWiiリモコン

は両立を求められます。そのために用意されているのが、「**アクション・マトリクス**」や「**戦略キャンバス**」といったブルー・オーシャン戦略の分析ツールです。

たとえば、アクション・マトリクスでは、「取り除く」「減らす」をキーワードとして低コスト化、「増やす」「付け加える」をキーワードにして差別化（顧客にとっての高付加価値化）を分析することができます。

上の図は、アクション・マトリクスの簡単な形式で、Ｗｉｉの例を考えてみたものです（例は筆者作成）。

「範囲の経済」の効果はなぜあらわれるのか

規模の経済（☞62ページ）に対して、**「範囲の経済」**と呼ばれるものがあります。

英語では「エコノミーズ・オブ・スコープ」で、この場合のスコープは「範囲」の意味です。

範囲の経済は、いくつかの事業を別々の会社が行なうよりも、ひとつの会社で行なったほうが、コストが下がるという効果のことをさします。

なぜ、複数の事業をひとつの会社で行なったほうが、コストが下がるのでしょうか。

規模の経済では、大量生産のほうが変動費が低くなるので、効果があらわれるのでした。

範囲の経済では、主に固定費のコストが下がるので、効果があらわれます。というのは、たとえば関連する事業に多角化した場合、複数の事業で、同じ生産設備が利用できるケースがあるでしょう。

その場合、生産設備を新設するコストが不要になるので、コストが下がります。また、生産設備の減価償却費も、２つ（以上）の事業に分散されることになるので、やはりコストを下げる要因です。

電力代や材料費といった変動費は、設備を新設しても共用しても変わらないので、あまりコスト低減には関係しません。

範囲の経済は有形固定資産だけではなく、たとえばノウハウを持った人材の人件費、ソフトウェアといった無形の資産にも影響します。

会社の機能別の戦略を立案する ――機能戦略の手法

マーケティング戦略を中心にみていきましょう。

45 マーケティングで「売れるしくみ」をつくる
——ＳＴＰ

マーケティングとは何だろう

「**機能戦略**」とは、前章の事業戦略の次に考える「生産戦略」「販売戦略」「財務戦略」といった、具体的な戦略の総称です。いずれも専門性が高く、その分野に対する専門知識が要求されます。

そこでこの章では、「**マーケティング戦略**」を中心に話を進めることにしましょう。マーケティング戦略は、事業戦略に続く製品別の戦略などにも深く関係する、機能戦略のひとつです。

マーケティングとは何か——ひと言でいうなら「売れるしくみ」をつくること、というのが最も適切でしょう。

「売るしくみ」ではなく、売れるしくみです。セールスパーソンが、たくみなセールス・トークで売らなくても、赤字覚悟の割引で大幅な値下げをしなくても、ひとりでに売れるしくみをつくることが、マーケティングの目的といえます。

売るための技術や手段を、英語では「セリング」といいますが、マネジメントの父と呼ばれるアメリカの経営学者、ピーター・ドラッカーは、「マーケティングの最終的なねらいは、セリングを不要にすること」と述べています。

つまり、売るための技術や手段を駆使しなくても、ひとりでに売れること、そのようなしくみをつくることです。

ＳＴＰの３段階で顧客のニーズに応える

マーケティングの神様、フィリップ・コトラーによると、マーケティングの最も短い定義は「ニーズに応えて利益を上げること」だそうです。

マーケティングの「ＳＴＰ」とは

Segmentation／市場細分化
市場を細かく（セグメント）して見る

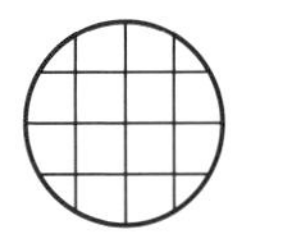

Targeting／標的市場の選択
どのセグメントを標的にするか決める

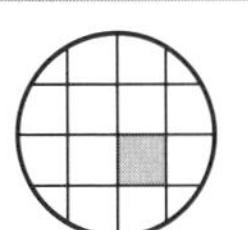

Positioning／製品の位置づけ
市場の立ち位置を明確にして伝える

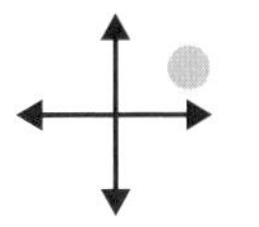

しかし、どんな大会社であっても、世界中のすべての人の、すべてのニーズに応えることは不可能でしょう。そこで必要になるのが「ＳＴＰ」の考え方です。

ＳＴＰは、上の図のような３段階のプロセスで、ターゲットを絞り、市場でのポジションを決めることをいいます。具体的には、次の項から説明していきますが、簡単にいうとまず、市場を細かく分類して見るのが**Ｓ（セグメンテーション）**です。

次に、どのセグメント（細分化された市場）を標的市場と決めるか、**Ｔ（ターゲティング）**を行ないます。これで、その市場の顧客のニーズに応えることが可能になるわけです。

ただし、市場には競争相手もいるでしょうし、顧客にとって、どういう存在になるのかという課題もあります。それらをふまえて、市場での立ち位置を決め、伝えるのが**Ｐ（ポジショニング）**です。

46 まず、市場を細分化して見る
——セグメンテーション

マス・マーケティングからミクロ・マーケティングへ

ＳＴＰのＳ、**セグメンテーション**は、市場を細分化して見ることです。

昔のマーケティングは、大きな市場をひとつの市場として見て、その市場全体にひとつの製品やサービスを大量生産・大量販売し、大々的なプロモーションを行なっていました。そのほうが低コストで低価格を実現できて、大きな利益を得られたためです。

このようなものを「**マス・マーケティング**」といいます。

しかし、現代では消費者も多様化し、マス・マーケティングでは立ちいかなくなっています。そこで必要とされるのが、「**ミクロ・マーケティング**」です。

そして、ミクロ・マーケティングのためには、市場を細分化して見ること、すなわちセグメンテーションが欠かせません。

４つのレベルの細分化と細分化の基準

フィリップ・コトラーの分類では、ミクロ・マーケティングには４つのレベルがあります。

まず、セグメンテーションを行なって細分化された市場が「**セグメント**」です。

そのセグメントを、さらに**サブセグメント（ニッチ）**に細分化することができます。ニッチというのは、１社か２社しか参入できない、ごく小さな市場のことです。

一方で、地域のニーズに特化することもできます。できるだけ、地域の個々の顧客に寄り添うことをめざすので、「**草の根マーケテ**

市場細分化の４つのレベル

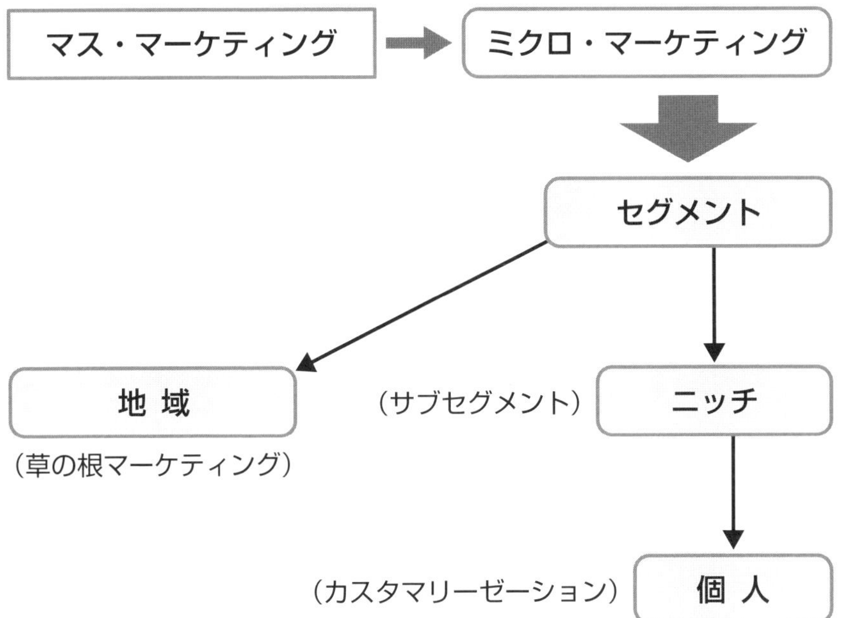

ィング」とも呼ばれるものです。

そして、市場細分化をつき詰めると、個人になります。顧客が自分で、製品やサービスのデザインや仕様をカスタマイズできる、「**カスタマリゼーション**」などは、市場と顧客を個人まで細分化した例です。

市場細分化の基準としては、たとえば草の根マーケティングなら、地域を基準にして細分化することになります。

そのほか、セグメントのレベルなら、年齢や性別、職業といった要素で細分化することも可能です。また、ライフスタイルや、パーソナリティ（性格）の違いなどを組み合わせて、サブセグメントに細分化するようなことも考えられるでしょう。

このように、さまざまな要素を、市場細分化の基準として利用することができます。

47

標的とする市場に照準を絞る
──ターゲティング

集中か、いくつかのセグメントを選択するか

市場細分化ができたら、その細分化された市場のうちから、どのセグメントを標的とするか、**ターゲティング**を行ないます。ターゲティングは右の図のように、製品やサービスと市場の組み合わせから、５つのパターンを考えることが可能です。

５つのパターンのうちから、自社の経営資源の大きさと、強み・弱み（☞50ページ）に応じて選ぶことができます。

経営資源の少ない会社は、「**集中**」のパターンを選ぶのが得策です。少ない経営資源でも、小さなセグメントに集中すれば、そのセグメントのリーダーになれる可能性があります。

しかし、ひとつのセグメントへの集中は、その市場に何か大きな変化があったときに、対応できないというリスクがあるものです。そこで、経営資源に少し余裕があるときは、強みを活かせるセグメントをいくつか選んで、「**選択的専門化**」とする道があります。

製品を広げるか、市場を広げるか

強力なひとつの製品やサービスを持っている場合は、それに関連するいくつかのセグメントに広げる「**製品専門化**」が可能です。

反対に、関連するいくつかのセグメントに強力な販売網をもっているなど、市場に強みがあるときは、複数の製品やサービスをそれらのセグメントに投入する「**市場専門化**」が選択できるでしょう。

そして、経営資源が大きい大企業が選択するのが、「**フルカバレッジ**」です。すべてのセグメントに、さまざまな製品やサービスを投入して、市場全体を押さえます。

ターゲティングの５つのパターン

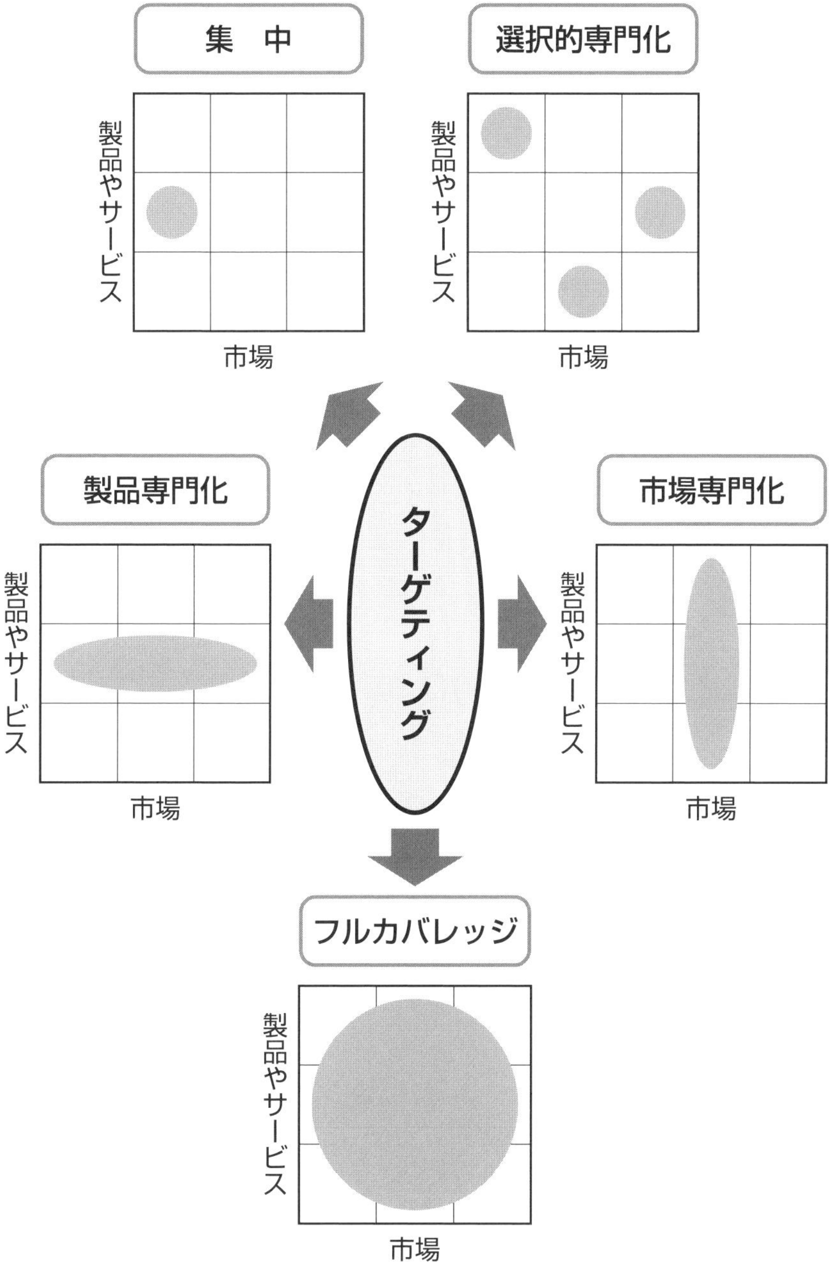

48 市場での立ち位置を決める ——ポジショニング

ポジショニングとはどういうものか

ＳＴＰのＰは、**ポジショニング**です。ポジショニングとは、会社や製品・サービスの立ち位置を決めることです。

ポジショニングがうまくできると、ターゲットとした顧客の頭のなかに、会社や製品・サービスのポジションがきちんとできます。その会社や製品・サービスは、他とどこが違い、自分にとってどんなときに、どんな役に立つかというポジションです。

ですから、ポジショニングを行なうときは、他とどこが違うか、どこが同じかという視点が大切になります。

そこで、フィリップ・コトラーが、ポジショニングの方法として勧めているのが２つの「連想」です。

「**相違点連想**」は、他の会社、製品・サービスと違わなければならない点を連想します。「**類似点連想**」は、他の会社、製品・サービスと同じでなければならない点を連想するものです。

たとえば、自社の製品が他の製品よりファッショナブルと連想したら、ポジションは「ファッション性が高い」になります。しかし、他の製品は自社の製品より価格が安いと連想したら、場合によっては値下げを検討しなければなりません。

このように、相違点連想がポジションを決めることに役立ちますが、類似点連想でその製品やサービスに必要な条件をチェックすることも必要です。

ポジショニングはＫＢＦを基準にする

このとき、重要になるのが「ＫＢＦ」です（**購買決定要因**☞58ペ

2つの連想とKBFでポジショニング

相違点連想
違わなければならない点

類似点連想
同じでなければならない点

KBF

●価格が安い ●割引がある ●保証がある
●品質がよい ●性能が高い ●サービスがよい
●イメージがよい ●評価が高い ●実績がある　など

ージ)。ポジショニングは、KBFを基準にして行なうのが基本になっています。

たとえば、顧客のKBFが「ファッション性が高い」「価格が安い」なら、そこにポジショニングすることが適切です。

しかし、KBFは顧客によって違うことがあります。たとえば、自社の顧客が富裕層で、品質のよさや性能の高さを優先し、「価格が安い」がKBFでないときは、そこにポジショニングすることはできません。

たとえ類似点連想で他の製品が安いと連想しても、それはKBFではないからです。

一般的には、価格が安いことはKBFである可能性が高いはずですが、必ずというわけではありません。上の図にあげている、簡単なKBFの例も、ターゲットの顧客によっては変わってくるので、ポジショニングに際しては注意が必要です。

49

市場での立ち位置を決める「地図」とは
――ポジショニング・マップ

自社と他社のポジショニングをマッピングする

ポジショニングにあたっては、「ポジショニング・マップ」と呼ばれる手法がよく使われます。右の図のように、自社と他社のポジショニングをマッピングする方法です。マップには縦軸と横軸をとって、マッピングの基準にします。

縦軸と横軸は、ターゲットとする顧客のＫＢＦを分析し、相関性の低い２つを選んで設定するのがポイントです。

そのうえで、まず自社や自社の製品・サービスを位置するところにマッピングし、続いて他社や他社の製品・サービスのマッピングを行ないます。

すると、他がどんなポジショニングをしていて、自社とどう違うか、同じか、自社とどんな位置関係にあるか、近いか、遠いかなどがわかります。

他との違いが明確になって、顧客にアピールすべき他との違いなどもはっきりするわけです。

自社と他社の位置関係もわかる

また、自社がポジショニングしようとする位置の近くに、他社がいるか・いないかもわかります。

もし、近くか、自社のポジショニングと同じ位置にいるなら、競争を覚悟で参入するか、それともポジショニングを変えるか、検討しなければなりません。

一方、近くにいないなら、そのポジショニングには競争相手がいないか、少ないということです。

競争になるリスクは低くなりますが、他社が参入していないとい

ポジショニング・マップでポジショニング

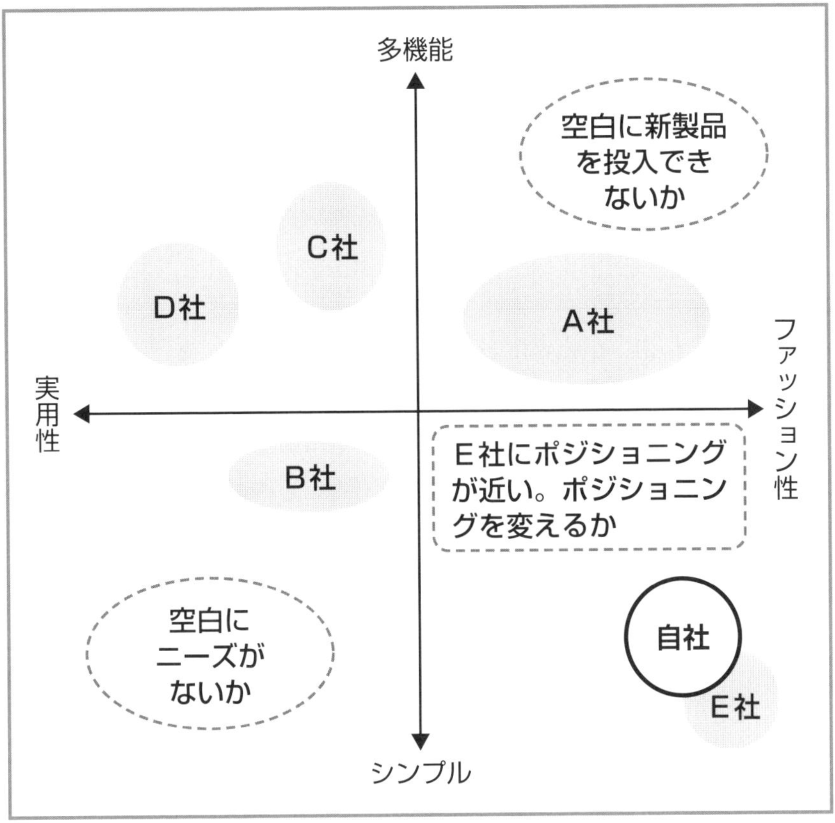

多機能
シンプル
実用性
ファッション性
空白に新製品を投入できないか
C社
D社
A社
B社
E社にポジショニングが近い。ポジショニングを変えるか
空白にニーズがないか
自社
E社

うことは、そのポジショニングには顧客がいない、すなわちニーズがないという可能性もあります。

参入は簡単ですが、潜在的なニーズを掘り起こす覚悟が必要かもしれません。

反対に、密集しているところは、そのポジショニングに顧客がいる、ニーズがあることを示している可能性もあります。

そのほか、ポジショニング・マップ上に空白の地域があったら、そこにニーズがないか、ポジショニングできる新製品はないかなどを検討する、といった使い方も可能です。

50 顧客と長いお付き合いをするシステム ――ＣＲＭ

クレームの内容まで顧客の情報を一元管理

ＳＴＰは、昔もいまもマーケティングの基本ですが、技術の進歩で変わるものもあります。「**ＣＲＭ**」も、そのひとつでしょう。

ＣＲＭは「カスタマー・リレーションシップ・マネジメント」の略で、直訳すると「**顧客関係管理**」となりますが、要するに顧客情報のデータベースです。

顧客１人ひとりについて、年齢や性別をはじめ、購買履歴やWebのログなど、詳細な情報を蓄積していきます。

ＣＲＭの目的は、顧客と長期的な関係を築くことです。顧客１人の年間の購入額が変わらなくても、顧客と長いお付き合いができれば、利益が増えるという考え方にもとづいています（☞126ページ）。

顧客と長いお付き合いをするという考え方は、紙に手書きした顧客台帳など、昔からあったのですが、技術の進歩により、昔は考えられなかったような詳細な情報の蓄積が可能になりました。

現在のシステムでは、顧客情報や購買履歴にとどまらず、問い合わせやクレームの内容まで記録します。

また、ネット、電話、対面を問わず、すべてのチャネルからの情報を一元管理することが可能です。

 ＣＲＭシステムの活用

現在では、ＣＲＭは「**ＣＲＭシステム**」として、パッケージで開発・販売されています。ですから、自社で独自のシステムを開発する必要はありません。クラウド型のものもあり、その場合はソフトウェアのインストールも不要になります。

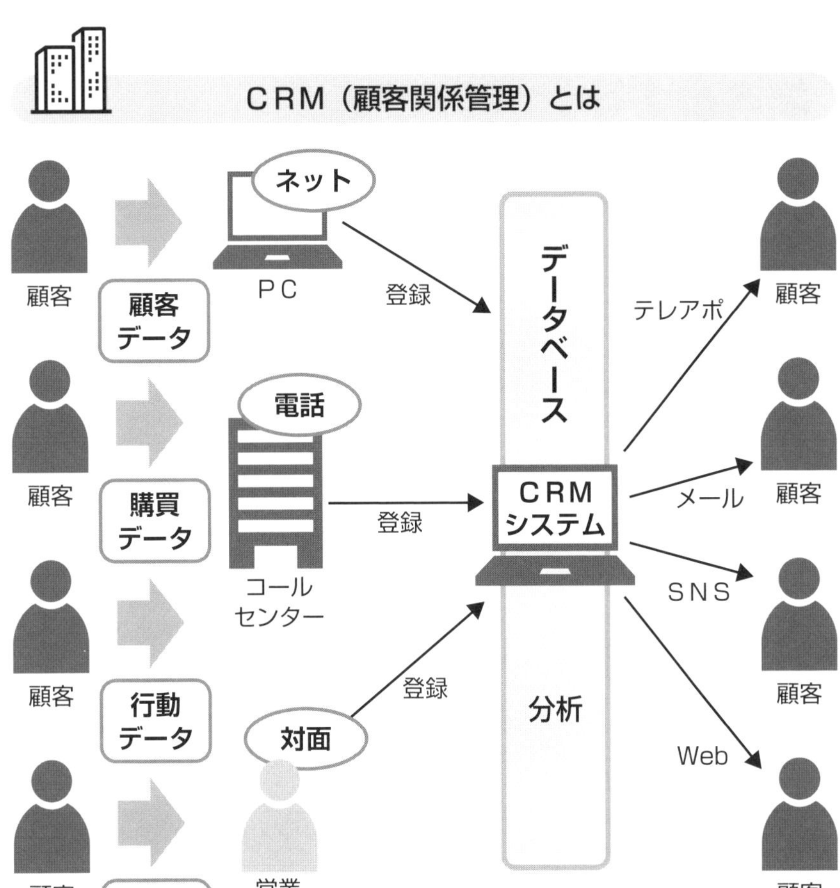

CRMシステムでは、顧客単位の情報管理をはじめとして、ポイント会員制を設けている場合は会員管理なども可能です。

また、情報管理からさらに進んで、情報の分析も行なうことができます。たとえば、コミュニケーションをとるメディアはメールが基本ですが、顧客を属性などに応じてセグメントに分け、セグメントごとにメディアを変えるようなことも可能です。

CRMシステムによって利用できる機能が異なるので、導入に際しては事前によく調べ、自社でほしい機能を備えているか確認してから、導入を決めるとよいでしょう。

51

顧客と１対１で相対する
——ワントゥワン・マーケティング

ワントゥワン・マーケティングとは

ＣＲＭシステムでも、顧客をセグメントやサブセグメントに分け、コミュニケーションのメディアを変えることなどができます。これをさらに進めたのが、112ページで見た、対象が「個人」になるミクロ・マーケティングです。

これを「**ワントゥワン・マーケティング**」といいます。ワントゥワン・マーケティングは、１人ひとりの顧客に対して、１対１の（ように顧客から見える）コミュニケーションをとるマーケティングです。

先に見たように、昔のマーケティングはマス・マーケティングでした。市場全体をひとつの市場と見て、ひとつの製品やサービスを大量生産・大量販売し、マスコミ広告など大規模なプロモーションを行なっていたのです。

しかし、消費者が多様化することによって、マス・マーケティングで成功することはむずかしくなり、求められたのがミクロ・マーケティングのセグメント・マーケティングです。

そして現在では、消費者のニーズがさらに多様化し、その多様化したニーズに応えられるワントゥワン・マーケティングが求められています。

デジタルが可能にしたワントゥワン・マーケティング

ワントゥワン・マーケティングを容易なものにしたのも、インターネットやＩＴ、デジタルの技術です。

インターネット以前のワントゥワン・マーケティングは、コミュニケーションをとるメディアとして、ダイレクトメールや電話、店

マスからワントゥワン・マーケティングへ

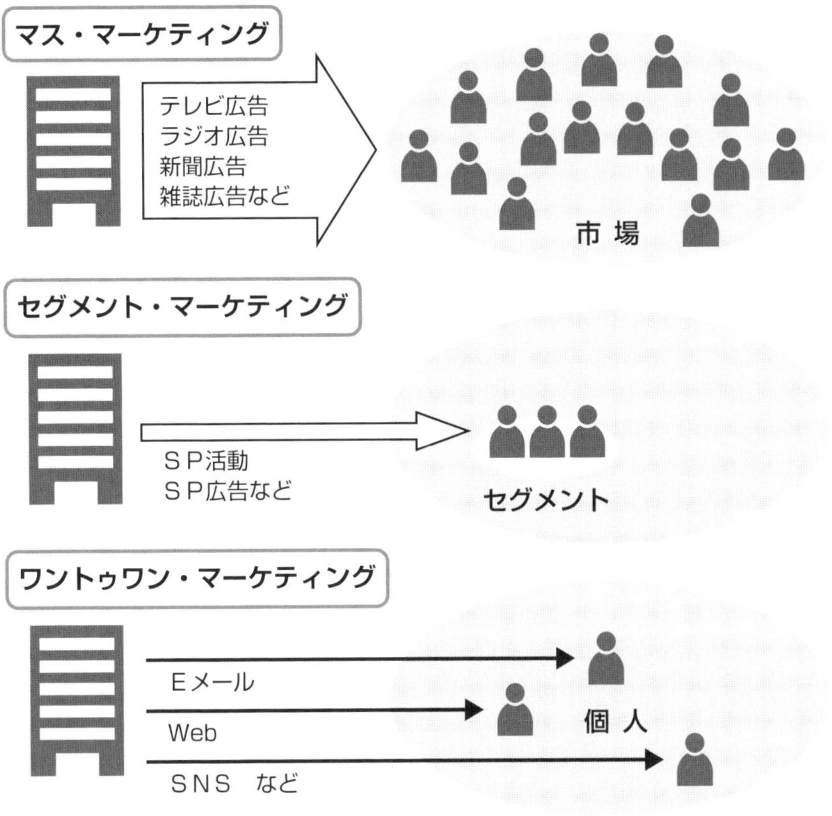

頭での対面などが主流でした。これらのアナログのメディアは、人件費や郵送代など、そこそこのコストがかかります。

しかし、ＥメールやWebのランニングコストは、きわめて小さなものです。しかも、ＣＲＭなどさまざまなシステムを利用することにより、人手を省き、かかる人件費も低く抑えることが可能になります。

顧客の購買履歴などからカスタマイズして、購入の可能性が高い商品を画面に表示する、レコメンデーションという機能がありますが、これなどもランニングコストは、限りなくゼロに近いでしょう。

52 「顧客満足」を何で測るか
——顧客価値と顧客満足度

「顧客価値」が期待どおりだと「顧客満足」

結局のところ、顧客は何をもって買う、買わないを決めているのでしょうか。

「**顧客価値**」というマーケティング用語があります。製品やサービスに対して、顧客が払ってもよい、適正な価格だと考える価値のことです。顧客が製品やサービスについて、感じている価値の高さといってもよいでしょう。

ごく大ざっぱにいうと、製品やサービスの価格が顧客価値以下であれば、顧客はその製品やサービスを買うと考えられます。

顧客価値と並べられて、よく聞く用語に「**顧客満足**」があります。英語では「カスタマー・サティスファクション」、略して「ＣＳ」の表記もよく見かけるものです（顧客価値はカスタマー・バリュー）。

顧客満足は、顧客の事前の期待に対して、実際に製品やサービスを購入した結果がどうだったかを、顧客自身が比べた評価のことです。

顧客は、製品やサービスを購入する前に、店頭でふれたり、広告宣伝を見聞きして、一定の期待を抱きます。その期待どおりの結果であれば、顧客満足となるわけです。

フィリップ・コトラーは、顧客の期待と実際の結果（パフォーマンス）の関係を、３つの段階に整理しています。結果が期待を下回れば不満ですが、期待どおりを超えて上回れば「**顧客感動**」です。

英語では「カスタマー・ディライト」、略して「ＣＤ」とする表記も、近年はよく見かけます。

ただし顧客満足は、顧客自身が期待と結果を比べた評価ですから注意が必要です。たとえば、非常に魅力的なＣＭなどを流して顧客

顧客価値とは、顧客満足とは

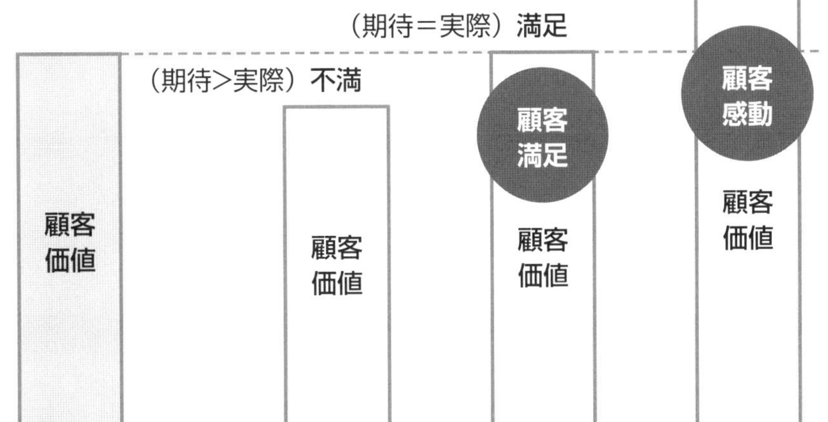

の期待を高めてしまうと、顧客満足のハードルを上げてしまいます。

顧客満足度とはどういうものか

顧客満足の度合いを、定量的に数値化したものが「**顧客満足度**」です。きちんとした指標であり、単純に「満足しましたか？」と聞くようなものではありません。

たとえば、ＮＰＳという指標では「この商品を誰かに推薦、紹介したいか」という質問に対して、０～10点の11段階で評価してもらいます。高い評価の人の割合から、低い評価の人の割合を引いてパーセンテージを算出するというように、きちんと手順も決まっている調査です。

広告などでよく、「顧客満足度○％！」などの表示を見かけますが、はたして、どんな調査をしているのでしょうか。

53

顧客がもたらしてくれる価値を測る ——ＣＬＶ

顧客が一生の間にもたらす価値を測る

顧客価値は、買い手である顧客が製品やサービスに求める価値ですが、逆に売り手が、買い手である顧客がもたらしてくれる価値を測ることもできます。日本語で「**顧客生涯価値**」と呼ばれる考え方です。

英語では、「ライフ・タイム・バリュー」からＬＴＶ、または「カスタマー・ライフタイム・バリュー」からＣＬＶといいます。この本では、「**ＣＬＶ**」のほうを採用することにしましょう。

ＣＬＶの考え方は、会社にとっての顧客の価値は、１回の購入や年間の購入額などではなく、顧客が一生の間にもたらしてくれる売上や、利益で測ろうというものです。

顧客は、１回限りの購入で終わってしまうこともありますが、気に入ってリピーターになってくれれば、何回も購入してもらえます。購入のたびに満足してもらえれば、それこそ、一生にわたって購入し続けてくれるでしょう。

その、全部の利益や売上を計算するのがＣＬＶです。

ＣＬＶの計算のしかた

具体的なＣＬＶの計算方法は、いろいろあります。

ここでは、最もシンプルな計算式を紹介しましょう。右の式は、年間の購買額に、通常のコストを引いた利益率を掛けて、年間の利益を計算する方法です。これに、継続の年数を掛けると顧客生涯価値が計算できます。

このほかに、購買単価に購買頻度と継続の期間を掛けて計算し、

「顧客生涯価値」を計算してみよう

＜顧客生涯価値の計算方法＞

※ほかにも売上を計算する方法などがある

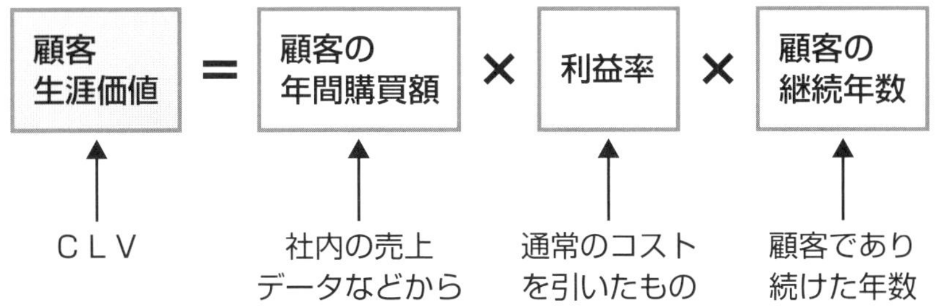

- 顧客の年間購買額：10万円
- 通常のコストを引いた利益率：10%
- 顧客の継続年数：30年

顧客生涯価値＝10万円×10%×30年＝30万円

利益率を掛けないで、売上ベースで購買額を計算する方法などがあります。

また、継続の期間中の購買額を計算して、顧客を獲得するのにかかったコストと、維持するためのコストを差し引くことにより、利益を計算することも可能です。

以上のような計算方法は、いずれも顧客１人ひとりの利益を計算するものですが、顧客全体の合計の数値から，顧客１人当たりの顧客生涯価値の平均を計算することもできます。

計算に使う購買額や購買頻度、利益率などは、社内の売上の記録などからわかるはずです。どれだけの期間、顧客であり続けてくれるか、継続の期間は別に見積もる必要があります。

上図の計算式を使うこととして、年間購買額10万円、通常のコストを引いた利益率が10%、顧客の継続年数が30年とすると、上の計算例のように、顧客生涯価値は30万円と計算できます。

54

顧客は会社の「資産」か？
——カスタマー・エクイティ

顧客生涯価値の総合計が「カスタマー・エクイティ」

会社のすべての顧客の顧客生涯価値（前項参照）の総合計を「**カスタマー・エクイティ**」といいます。エクイティは純資産といった意味ですから、直訳すれば顧客純資産ですが、「**顧客資産価値**」などと訳されたりするようです。

いずれにしても、顧客は会社の財産であるという考え方をします。財産であれば、多いほうがよいわけですが、カスタマー・エクイティを増やすにはどうしたらよいでしょうか。

まず思いつくのは、新規顧客を増やすことです。カスタマー・エクイティは全顧客の顧客生涯価値の総合計ですから、顧客が増えれば増えます。

しかし、前項でもふれたように、新規顧客の獲得にはコストがかかるものです。新規顧客を増やすことはカスタマー・エクイティを増やしても、コストがかかる分、利益の増加に直結するとは限りません。

「顧客ロイヤルティ」が高い顧客とは

そこで、カスタマー・エクイティを増やす別の方法を考えてみましょう。前ページの計算式を右に再掲しましたが、顧客生涯価値は年間の購買額と利益率と継続の年数を掛けたものです。

ですから、顧客を増やすほかに、１人の顧客により多く、購入してもらうことでもカスタマー・エクイティは増やせます。

そしてもうひとつ、継続の年数を長く延ばすことでも増やすことが可能です。つまり、顧客により長く、顧客であり続けてもらい、

「カスタマー・エクイティ」を増やすには

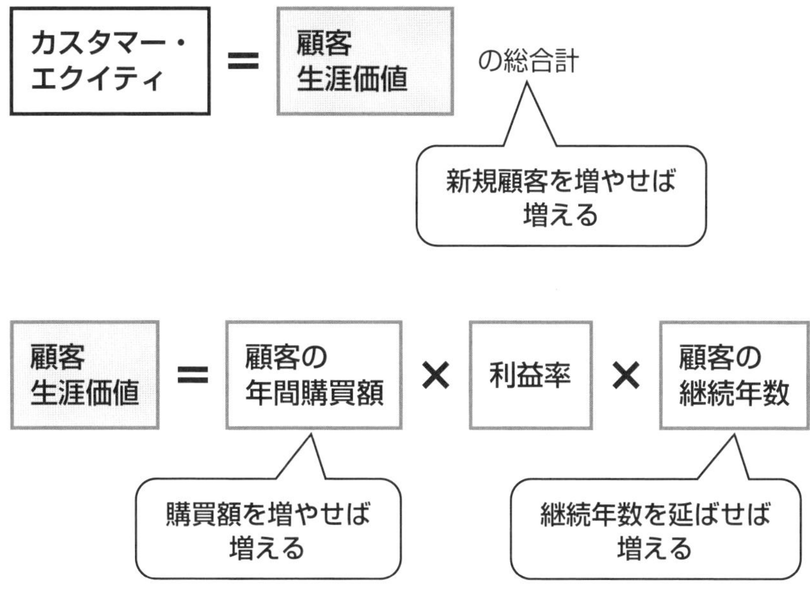

いつまでも購入し続けてもらうわけです。

顧客の維持にもコストはかかりますが、一般的に、新規顧客を獲得するのに比べれば低コストです。利益を大きく減らすことはありません。

それよりも、まるで製品やサービスに忠誠を誓ったかのように、購入し続けてもらうことの利益のほうが大きいものです。

そのようにして、購入を続ける顧客の心理を「**顧客ロイヤルティ**」といいます。顧客ロイヤルティが高い顧客は、製品やサービスを購入し続けて、カスタマー・エクイティを増やしてくれます。

それだけでなく、周囲の人にも勧めて、顧客を増やしてくれることも多いので貴重です。

125ページでふれた「ＮＰＳ」（Net Promoter Score）という顧客満足度調査も、顧客ロイヤルティを定量的に測りたい場合などに、よく利用されています。

55 顧客のモデル像を細かく描き出す手法 ——ペルソナ

「ペルソナ」を設定すると何ができるか

マーケティングでは,「**ペルソナ**」というものを設定することがあります。

もともとは、ペルソナとは西洋古典劇で使われる仮面のことでした。それをスイスの心理学者カール・ユングが、人間の外的側面の意味で用いたのです。

西洋古典劇やマーケティングに縁のない人で、ペルソナということばが記憶にあったら、それはユングのおかげでしょう。

そこで、マーケティングでいうペルソナですが、これは**顧客のモデル像**の意味です。つまり、製品やサービスを購入してくれる顧客の典型的な人物像、顧客像のことをいいます。

ですからペルソナは、最初からあるものではなく、マーケティングのプロセスのなかで設定するものです。

ペルソナを設定すると、自社の顧客のニーズが具体的にわかるようになります。ばく然と、顧客はどんなものを求めているのかと考えるのではなく、こういう人がこういうときに、こういうものを必要とする、とイメージできるからです。

また、マーケティングをチームや、複数の人で担当しているときは、共通のイメージをもつためにも効果があります。具体的な施策を決める際にも、こういう人だから、こういう施策が効果的だと、具体的に考えられるというものです。

ペルソナは細かく細かく設定する

ペルソナを設定するときは、かなり細かいところまで設定します。

ペルソナで設定することの例

- ●性別・年齢・居住地など（基本的な設定）
- ●職業・役職・業務内容・最終学歴など（仕事）
- ●年収・世帯年収・貯蓄性向など（経済状況）
- ●配偶者または恋人、子ども、両親の有無など（家族構成）
- ●親しい友人・職場の同僚・近所の付き合いなど（人間関係）
- ●平日の過ごし方、休日の過ごし方など（生活パターン）
- ●人生経験・現在の悩み・将来の展望など（ライフステージ）
- ●ものの考え方・こだわり・ライフスタイルなど（価値観）
- ●仕事帰りや休日にしていることなど（趣味・興味）
- ●インターネット環境・利用状況・デバイスなど（通信環境）

上に例をあげましたが、まるで実在する人物のように、細かく細かく設定することが必要です。

設定したペルソナのイメージに合う人物の写真を探して、視覚的なイメージを明確にすることもあります。顔写真だけでなく、着ている服装も重要です。できれば、仕事とプライベートの両方の写真を用意します。

ただし、会社が扱う製品やサービスによって多少、設定するポイントの重点を変える必要はあります。アパレル関係の会社なら、好きなブランド、よく買う雑誌、好きなタレントも設定する、といった具合です。

具体的なペルソナの設定のしかたは、かなり細かい話になるので省きます。ここでは、マーケティングにこういう手法があることを知っておいて、必要になったときに思い出せれば十分です。

56

顧客が買うまでの「旅」とは
——カスタマー・ジャーニー・マップ

「顧客の旅」とは何のことか

ペルソナが設定できると、「**カスタマー・ジャーニー**」が想像できるようになります。

カスタマー・ジャーニーとは、直訳すれば「顧客の旅」、顧客（ペルソナ）が製品やサービスをどこで知り、どのような道のりをへて、どんな行動をとり、何を考え何を感じて、製品やサービスの購入に至ったかを、旅にたとえたものです。

カスタマー・ジャーニーがわかると、**顧客の行動が理解できる**ようになります。

ペルソナは、どこでその製品やサービスを知ったのか、その製品やサービスのどこが気になったのか、なぜリアル店舗に行かず、オンライン・ショップを検索したのか、といったことです。

さらに、顧客の視点から施策・対策を考えることもできます。たとえば、オンライン・ショップが検索されるなら、Web広告を出して見つけやすくするという具合です。

「カスタマー・ジャーニー・マップ」という図表を描く

具体的には、「**カスタマー・ジャーニー・マップ**」という図表を描くのが一般的です。マップという名前ですが、地図のようではなく、文字やイラストを書き込む図表になっています。

たとえば、横軸に「認知・注目」「興味・関心」「比較・検討」「購入・行動」といったフェーズをとり、縦軸は「タッチポイント」「行動」「思考・感情」、それらに対する「課題」、さらに課題に対する「施策」などです。

そして、横軸のフェーズと縦軸が交差するマスに、ペルソナの行

MEMO　タッチポイント：企業と顧客の「接点」の意味。物理的な接触だけでなく、「ＳＮＳの投稿を見て興味をもった」などもタッチポイントになる。

カスタマー・ジャーニー・マップの形

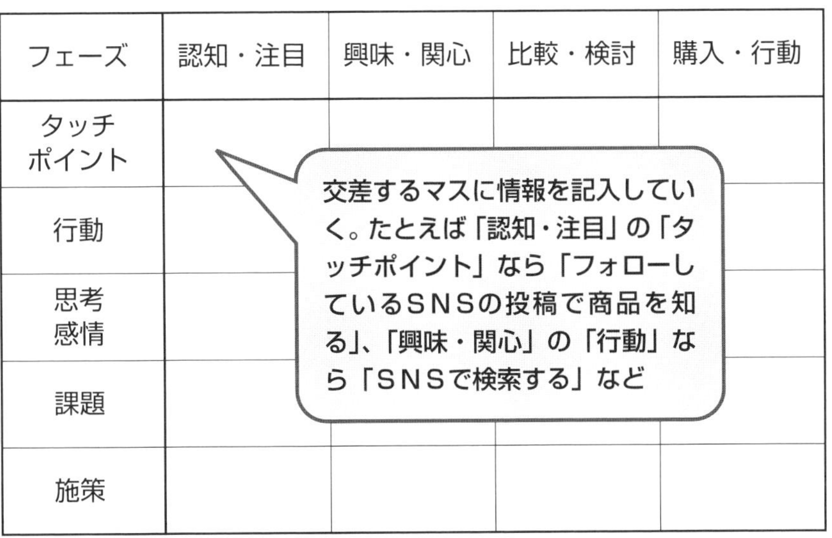

フェーズ	認知・注目	興味・関心	比較・検討	購入・行動
タッチポイント				
行動				
思考感情				
課題				
施策				

交差するマスに情報を記入していく。たとえば「認知・注目」の「タッチポイント」なら「フォローしているSNSの投稿で商品を知る」、「興味・関心」の「行動」なら「SNSで検索する」など

動や思考・感情などを書き込んでいきます。

この作業は、担当者ひとりで行なうと，どうしても個人的な偏りが出るものです。複数の人が、意見を出し合いながら行なうとよいとされています。

そのあとで、関係する行動や思考・感情などを線で結び、商品の購入など、ゴールに至るまでのストーリーを描いていくわけです。

そのプロセスは、説明が長くなるので省略しますが、ペルソナを設定したら、カスタマー・ジャーニー・マップを描くということを覚えておきましょう。

ちなみに、フィリップ・コトラーの著書『マーケティング5.0』では、「人間を模倣した技術を使って、カスタマー・ジャーニーの全行程で価値を生み出し、伝え、提供し、高めること」という定義がなされ、カスタマー・ジャーニーが注目を浴びました（☞次項）。

57 スマートフォン時代の顧客の購買プロセスとは ——５Ａ理論

５Ａにはスマートフォン時代の「推奨」が

「**５Ａ理論**」とは、コトラーがマーケティング4.0で提唱した、新しい時代の顧客の購買プロセスのことです。ちなみに、著書『マーケティング4.0』のサブタイトルは、「スマートフォン時代の究極法則」となっています。

それ以前は**４Ａ理論**が主流でした。４Ａ理論は、ノースウェスタン大学のデレク・ラッカーが提唱した理論で、「認知（Awareness）→態度（Attitude）→行動（Act）→再行動（Act again）」となっています。

５Ａ理論が最も大きく違うのは、５番目に「推奨」が加わっていることです。右の図に示したように、リピーターになって、人にも勧めることをあらわしています（顧客ロイヤルティ☞129ページ）。

とくにスマートフォンの時代になり、ＳＮＳに製品やサービスの評価を投稿する人も増えています。インフルエンサーと呼ばれる人たちの勧め（推奨）は、絶大な効果があるに違いありません。

すべてのプロセスにタッチポイントができる

コトラーは、マーケティング4.0を発表した５年後の2021年にマーケティング5.0を発表しています。わずか５年でバージョンアップしたのは、4.0ではできなかったことがＩＴ技術などの急速な進歩により、5.0ではできるようになったからです。そのひとつが、「**５Ａカスタマー・ジャーニー**」とも呼ばれる考え方にあります。

右の下図は、著書『マーケティング5.0』に掲載された図を元に作成したものです。新しい技術を活用することにより、５Ａのすべてのプロセスで会社と顧客のタッチポイントができることをあらわ

5A理論とは

Aware／認知

ネットなどでその製品やサービスを知る（認知する）

Appeal／訴求

広告などの訴求を受けて、その商品をほしいと思う

Ask／調査

知り合いに聞いたり、ネットで調べる（調査する）

Act／行動

購入の行動を起こし、製品やサービスを使用する

Advocate／推奨

リピーターになり、知り合いにも勧める（推奨する）

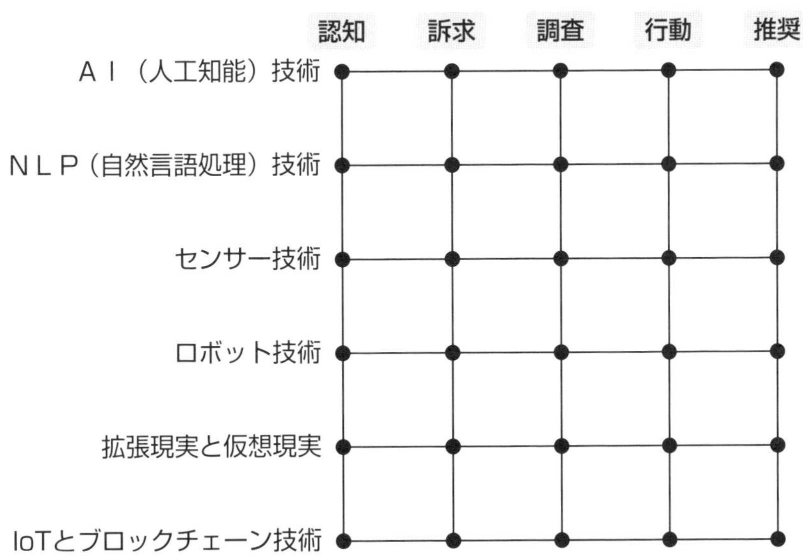

しています。「人間を模倣した技術を使って、カスタマー・ジャーニーの全行程で」（☞前項）とは、このことです。

58 どんな「ブランド」で他と差別化するか
――ブランド戦略

ブランドとはどういうものか

マーケティング戦略の重要な一分野に、「**ブランド戦略**」があります。ここでいうブランドとは、高級ブランドのことではありません。消費者や顧客が、他の製品やサービスと識別するための名前やデザイン、ロゴやキャッチコピーなどのことです。

言い換えると、他社の製品やサービスと差別化するための、さまざまな要素といえます。

また、ブランドには次のような階層があります。

- **コーポレート（企業）ブランド** ⇒ 企業名のブランド
- **事業ブランド** ⇒ 企業グループ内の事業単位のブランド
- **ファミリー・ブランド** ⇒ 複数の製品カテゴリー
- **製品群ブランド** ⇒ 複数の製品で構成するブランド
- **製品ブランド** ⇒ 個別の製品のブランド

このようなブランドの階層から、一般に４つのブランド戦略が考えられます。

ブランドの階層から考えられる４つのブランド戦略

まず、新しく設立した会社や、会社にとってまったく新しいタイプの製品やサービスである場合は、個別の**製品ブランド**からスタートするしかありません。

たとえば、伊藤園の「健康ミネラルむぎ茶」は、伊藤園でひとつだけのむぎ茶ブランドです。

ただし、製品ブランドは、その製品やサービスが成功すれば、関

ブランドの階層から４つのブランド戦略

ブランド戦略① 個別の製品ブランドにする
例 健康ミネラルむぎ茶、やかんの麦茶 など

ブランド戦略② １つのファミリー・ブランドにする
例 ドモホルンリンクル など

ブランド戦略③ いくつかのファミリー・ブランドにする
例 ビオレ、キュレル など

ブランド戦略④ コーポレート（企業）ブランドと組み合わせる
例 キリンラガービール、アサヒスーパードライ など

連する製品を開発し、**製品群ブランド**に発展させることができます。

次に、製品カテゴリーが違う製品を発売する場合などは、**ファミリー・ブランド**とするのがひとつの戦略です。たとえば、再春館製薬の「ドモホルンリンクル」は、複数の基礎化粧品がひとつのファミリー・ブランドになっています。

また、ひとつの会社でも、違う製品群を展開するときは、複数のファミリー・ブランドにすることが多いものです。

たとえば花王には、洗顔料などのファミリー・ブランドとして「ビオレ」がありますが、乾燥性敏感肌のスキンケア・ブランドは「キュレル」としています。

そして、**企業ブランド**が十分に強いときは、企業名と組み合わせる戦略が可能です。ラガービールというのは一般名称ですが、「キリンラガービール」とすることで、十分に他のビールと識別し、差別化することができています。

59

会社を３つの側面から評価する３つの「ｉ」
——３ｉモデル

３つの「ｉ」を図で見てみると

「**３ｉモデル**」は、会社を前項で見たブランドと、ポジショニング、差別化という３つの側面から評価するフレームワークです。フィリップ・コトラーが、2010年の著書『マーケティング3.0』のなかで提唱しました。

３つのｉと、ブランド、ポジショニング、差別化の関係は、『マーケティング3.0』に掲載された有名な図を見るとわかりやすいでしょう。

ブランド、ポジショニング、差別化を小さな逆三角形とし、右の図のように配置すると、３つのｉを３辺とする大きな逆三角形ができます。３つのｉとは、「ブランド・アイデンティティ」「ブランド・イメージ」「ブランド・インテグリティ」の３つです。

そこで、３つのｉが接する小三角形を見ると、たとえば、ブランド・アイデンティティは、ブランドとポジショニングから成り立っているとわかります。

３つの「ｉ」が意味するものは

ブランド・アイデンティティとは、消費者や顧客に、どんな点で他と識別してほしいのかということです。

これは、ポジショニングを明確にし、ブランドそのものを認知してもらうことで獲得をめざします。

ブランド・イメージは、ブランドそのものや、ブランドに関連するいろいろな要因から、消費者や顧客の頭のなかに形づくられる一定のイメージのことをいいます。

「3ｉモデル」の3つの「ｉ」とは

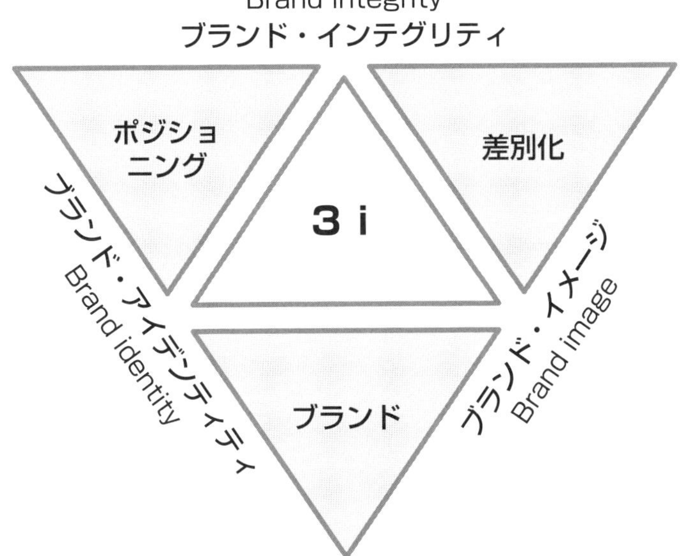

イメージなので、製品やサービスの機能や品質というより、感情的なものです。ブランドと差別化によって、消費者や顧客の感情的な満足を得ることを目的にします。

インテグリティは、誠実、正直といった意味です。**ブランド・インテグリティ**には、消費者や顧客に対して誠実であること、消費者や顧客との約束を果たすという意味があります。

ポジショニングと差別化から成り立ち、会社独自のポジショニングを、差別化の戦略で支え、消費者や顧客の信頼を得ることをめざします。

以上のような3つの「ｉ」から、ブランド戦略、ポジショニング、差別化という会社のマーケティング活動を評価し、バランスのとれた三角形にしていくことが「3ｉモデル」の目的とされています。

60

「マーケティング・ミックス」を考える
——マッカーシーの４Ｐ

「マーケティングの４Ｐ」「４Ｐ」とは

マーケティング戦略の考え方について見てきましたが、結局のところ、マーケティングとは「売れるしくみをつくる」ことです（☞110ページ）。売れるしくみをつくるには、何かひとつのことだけをすればよいというわけにはいきません。

では、何と何をすればよいか、それをあらわすのが「**マーケティング・ミックス**」です。マーケティング戦略に対して、戦術にあたるものといえます。

マーケティング・ミックスの代表的なフレームワークとして有名なのが「**マッカーシーの４Ｐ**」です。

アメリカのマーケティング学者、ジェローム・マッカーシーが提唱したもので、あまりに基本的なので「**マーケティングの４Ｐ**」、あるいは単に「**４つのＰ**」「**４Ｐ**」とも呼ばれています。

４つのＰは製品、価格、流通、コミュニケーション

マッカーシーは、マーケティング・ミックスを大きく４つに分類しました。それが、右の図の４つのＰです。

最初のＰは「**プロダクト**」、つまり**製品**ということになります。

２番目は「**プライス**」、**価格**です。

３つめは「**プレイス**」で、場所の意味ですが、今日では**流通**と解釈されています。

４つめのＰは「**プロモーション**」、つまり販売促進ですが、現代のマーケティングでは一方的な販売促進より、むしろ双方向の**コミュニケーション**ととらえるのが適切です。

この４つ、「製品」「価格」「流通」「コミュニケーション」につい

MEMO ジェローム・マッカーシー（1928-2915）：アメリカのマーケティング学者。４Ｐを提唱したことにより、マーケティングの歴史に名を残している。

マッカーシーの４Ｐとは

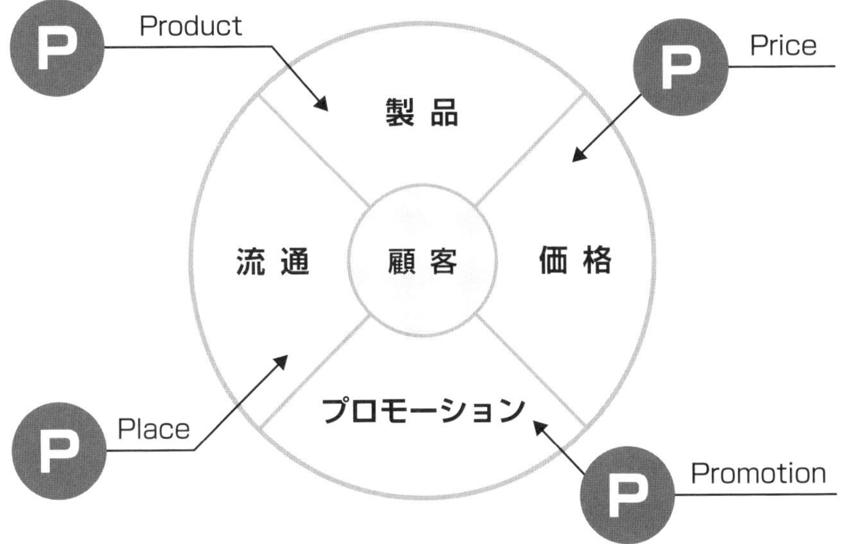

●アウターボーンの４Ｃ

製品	⇒ 顧客ソリューション	Customer solution
価格	⇒ 顧客コスト	Customer Cost
流通	⇒ 利便性	Convenience
プロモーション	⇒ コミュニケーション	Communication

ての戦術が、売れるしくみをつくるために必要なことというわけです。

４Ｐは1961年に提唱されたものなので、現在から見ると製造業だけを対象にし、また売る側の視点に偏っているきらいがあります。

そこで、アメリカの広告学者、ロバート・アウターボーンが提唱したのが、より顧客の視点に立った「**アウターボーンの４Ｃ**」です。

とはいえ、マッカーシーの４Ｐは非常にわかりやすく、またマーケティングの世界で長く使われてきたため、60年以上たった現在でもマーケティング・ミックスの基本として活用されています。

61

サービスでは７つのＰを考える
――サービス・マーケティングの７Ｐ

サービスは形がある製品と異なる

1960年代に提唱されたマッカーシーの４Ｐは、基本的に製造業を対象に考えられています。しかし今日の先進国では、全産業に占める割合はサービス業のほうが高いでしょう。

そこで、フィリップ・コトラーが提唱したのが、「**サービス・マーケティングの７Ｐ**」です。サービス業だけでなく、製品に付帯するサービスなども含めて、すべてのサービス（無形財）を対象にし、４Ｐに３つのＰを加えています。

コトラーは、製品（有形財）と異なるサービスの特性を、次のように整理しています。

- **無形性／非有形性**：サービスは、形がなく無形財である
- **同時性／不可分性**：サービスは、生産と消費が同時に発生する
- **非均一性／変動性**：サービスは、均一にすることがむずかしい
- **消滅性／非貯蔵性**：サービスは、蓄えることができない

４つのうち、「非均一性／変動性」とは、サービスの品質が変動しやすいことを指摘したものです。一般的にサービスの品質は、誰が、いつ、どこで、誰に提供するかで変わります。そのため、均一なサービスを提供することがむずかしいのです。

４Ｐに加える３つのＰとは

以上のようなサービスの特性をふまえて、コトラーは４Ｐに３つのＰを加えています。３つのＰとは、簡単にいうと「人（ピープル）」「プロセス」「フィジカル・エビデンス（物理的なモノ）」の３つです。

サービス・マーケティングの7Pとは

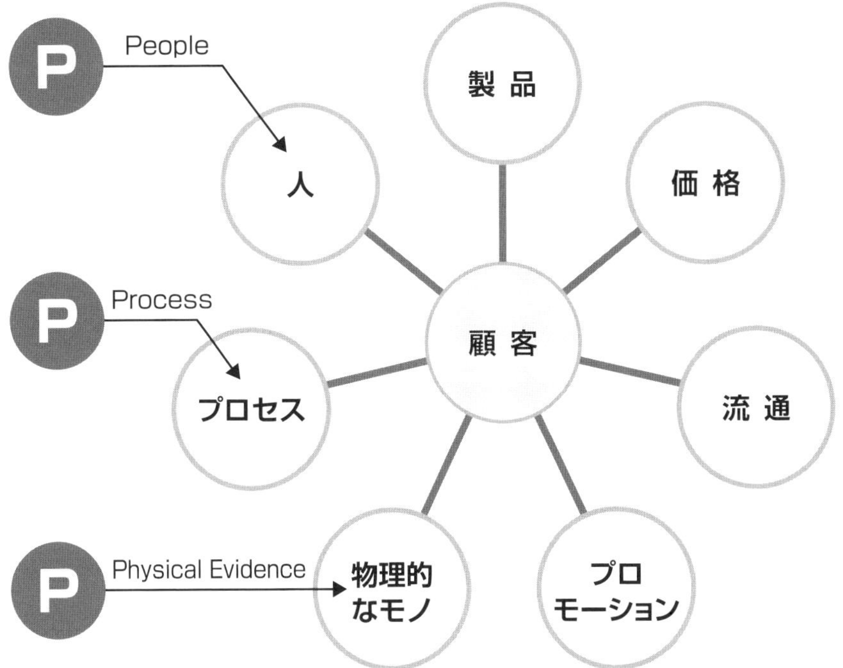

「**人**」は、サービスを提供するスタッフや、顧客のことです。誰が、誰にサービスを提供するかで、サービスの品質は変わります。

「**プロセス**」とは、販売のプロセスや業務のプロセスのことです。どのようなプロセスでサービスを提供するかでも、サービスは変わります。

「**フィジカル・エビデンス**」とは、物理的な、目に見えるモノの意味です。サービスを提供したり、顧客と接する環境のことをいいます。店舗でいえば、外観のデザインや内装のインテリアなどのことです。

マッカーシーの４Ｐに、以上の３Ｐを加えたものがサービス・マーケティングの７Ｐ、すなわちサービスのマーケティング・ミックスになります。

62 新製品はこうして世の中に普及する
——イノベーションのベルカーブ

新製品はベル型のカーブを描いて普及する

マーケティング・ミックスのPをいくつか、見てみましょう。たとえば製品について、新製品がどのように普及していくかをあらわすモデルがあります。

「**イノベーション**（技術革新）**のベルカーブ**」と呼ばれるモデルで、アメリカの経済学者エベレット・ロジャースが提唱したものです。右の図のように、時間と、新製品をとり入れた新規採用者の数、それに新規採用者のタイプをあらわしています。

新規採用者は最初ゆっくり増え始め、次第に急激に増加していくので、ベル（鐘）型のカーブになるわけです。

ロジャースによれば、新規採用者には5つのタイプがあります。

最初に飛びつく新しもの好きは「**イノベーター**」（革新者）です。そのイノベーターの評価を見て、採用するのは「**アーリーアダプター**」（初期採用者）といいます。

やがて、一般の消費者にも普及が進みますが、比較的、早い時期にアーリーアダプターに追随するのが「**アーリーマジョリティ**」（前期追随者）で、その後に受け入れるのが「**レイトマジョリティ**」（後期追随者）です。

そして、最後に残った頑固者の「**ラガード**」（遅滞者）が受け入れると、新製品の普及は終盤を迎えます。図のパーセンテージは、それぞれの割合を示したもので、合計は100％です。

「谷」に落ちた新製品は市場から消え去る

ところで、図のアーリーアダプターとアーリーマジョリティの間

新製品は５タイプの人に受け入れられる

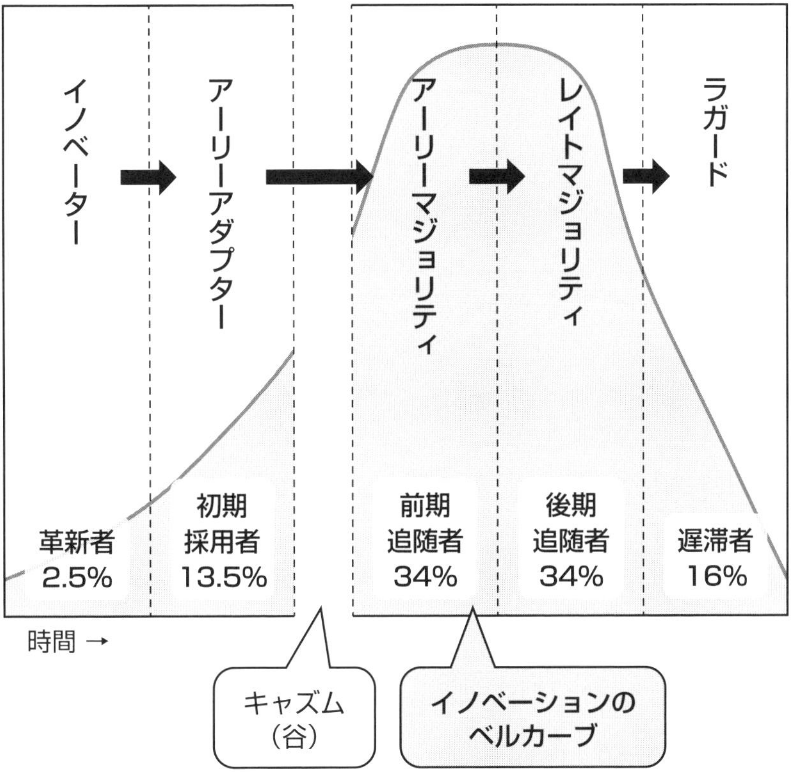

には、溝があります。この溝を「**キャズム**」（谷）と名づけたのが、アメリカのマーケティング・コンサルタント、ジェフリー・ムーアです。

多くの新製品は、アーリーアダプターまでは普及するものの、アーリーマジョリティには受け入れられず、市場から消え去っていきます。ムーアはこの現象を、谷に落ちて這い上がれないことにたとえたのです。

ムーアの著書『キャズム』の出版は1991年ですが、2014年には『キャズム Ver.2 増補改訂版』も発行され、今日ではアメリカのハイテク業界人のバイブルといわれているそうです。

MEMO ジェフリー・ムーア（1946-）：アメリカの経営コンサルタント、コンサルティング会社代表。著書『キャズム』は世界的ベストセラー。

63

シェアをとるか、利益をあげるか
——市場浸透価格設定と上澄み吸収価格設定

低価格で市場に浸透してシェアを押さえる価格設定

価格についても見ておきましょう。価格設定について代表的な、正反対の2つの考え方があります。

ひとつは「**市場浸透価格設定**」で、乾いた砂に素早く水が浸透するようなイメージです。英語では「ペネトレイティング・プライシング」といいます。

市場浸透価格設定では、できる限りの低価格を、ときには採算割れの低価格を付けます。思い切った低価格によって、製品やサービスを市場全体に浸透させ、他社が参入する前に自社の市場シェアを最大化することが目的です。

低価格で、しかも市場シェアを押さえることにより、参入しようとする他社に、とても太刀打ちできないと思わせることがねらいです。

一方、低価格であればあるほど、その市場は急速に大きく成長することが期待できます。大量生産・大量販売ができれば、生産コストや流通コストも下がり、当初は出なかった利益も次第に上がるようになるでしょう。

かくして、後発の他社が参入するころには、大きなシェアを押さえ、事業としても成立しているというわけです。

最初は高価格で利益をすくい取り、後で下げる価格設定

反対に、最初から利益を上げていこうとするのが、もうひとつの「**上澄み吸収価格設定**」です。英語では「スキミング・プライシング」で、スキミングにはすくい取るという意味があります。

液体のいちばんおいしい上澄み、すなわち利益を、スプーンなど

代表的、正反対の価格設定の２つの考え方

市場浸透価格設定

- 最初から低価格で市場全体に浸透
- 市場シェアを押さえることが目的
- 利益は中長期的に大量生産・大量販売で

上澄み吸収価格設定

- 最初は高価格で利益をすくい取る
- 利益を上げることが目的
- 他社が参入したら価格を下げて売上拡大

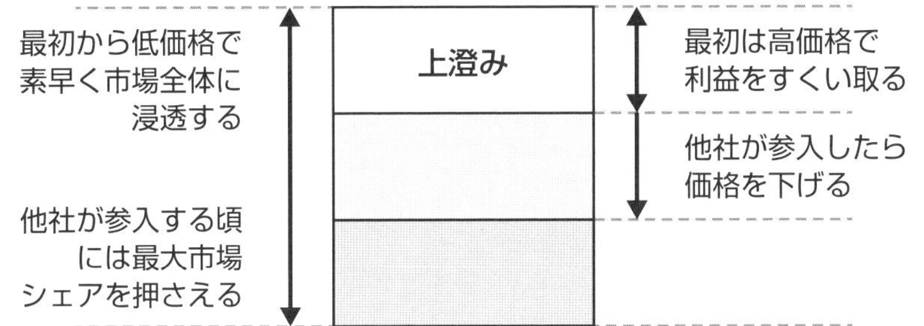

最初から低価格で素早く市場全体に浸透する
他社が参入する頃には最大市場シェアを押さえる
上澄み
最初は高価格で利益をすくい取る
他社が参入したら価格を下げる

ですくい取るイメージです。

上澄み吸収価格設定では、導入期に比較的高価格を設定し、高所得者をターゲットにします。これにより、最初から利益をすくい取ることができるでしょう。また、この時点で価格の高い、しかし高品質の製品というイメージができあがります。

上澄み吸収価格設定は、ここにとどまるものではありません。

後発の他社が参入して売上が落ちてきたときには、徐々に価格を下げます。開発コストは導入期の高価格設定である程度、回収できていますから、価格を下げる余力があるわけです。

そして、高品質の製品が価格を下げて、市場に出てくるわけですから、これまで手の届かなかった層も飛びつき、売上の回復も期待できます。このように、上澄み吸収価格設定は、他社が参入してきたときのことまで考えた価格設定です。

64

「コミュニケーション」もいろいろ
――コミュニケーション・ミックス

広告だけがコミュニケーションではない

次に、４Ｐ（☞140ページ）のひとつである、**コミュニケーション（プロモーション）**を見てみます。

プロモーション、コミュニケーションというと、まず思い浮かぶのは広告です。しかし、コミュニケーションの方法は広告だけではありません。サンプルを配るといった販売促進もあるし、いわゆる広報活動もあります。

製品やサービスに応じて、最適のコミュニケーションを選び、組み合わせることが大切です。主なコミュニケーションとしては、右の図のようなものがあります。

いろいろなコミュニケーションをミックスする

まず「**広告**」には、おなじみのテレビ・新聞などのマスコミ４媒体、インターネット広告、ＳＰ（セールス・プロモーション）広告などの広告媒体があります。ＳＰ広告とは、店頭のＰＯＰや、新聞の折り込み広告、街頭配布のチラシなどのことです。

次に「**販売促進**」は、製品やサービスを店頭ディスプレイしたり、サンプルを配布したりする、さまざまな販促活動の総称です。近年は、ポイント・サービスも当たり前になっています。

「**ＰＲ**」はパブリックリレーションズの略で、いわゆる広報活動のことです。メディアに対してプレス・リリースを出したり、パブリシティを働きかけたりします。

パブリシティとは、情報を提供して記事やニュースにしてもらうものです。広告と違って無料ですが、扱ってもらえるかどうかはメディア側の判断になります。

コミュニケーション・ミックスとは

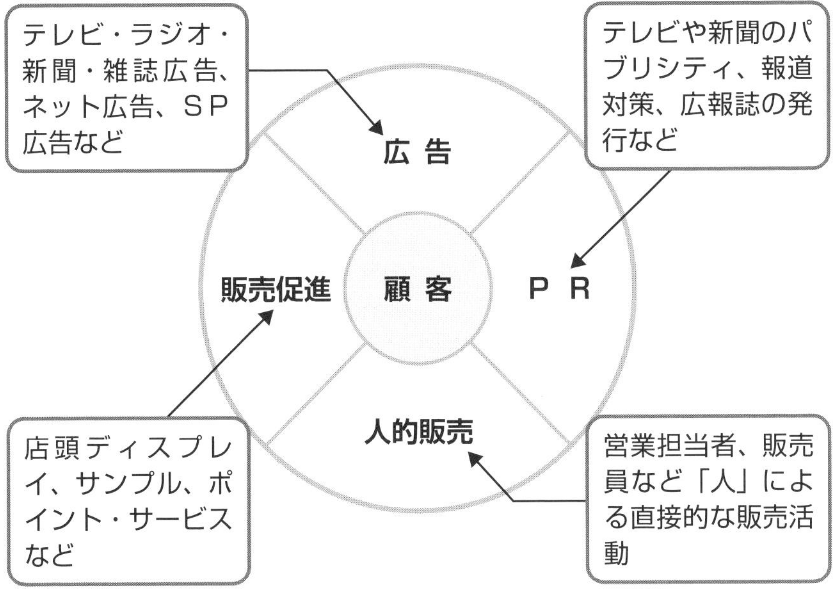

「**人的販売**」は、セールスパーソンや店頭の販売員による、対面して行なう直接的な販売活動の全般です。情報を伝えるとともに、要望や感想が聞けるという、双方向のコミュニケーションが特徴になっています。

以上の4つがコミュニケーションの基本ですが、これに「**口コミ**」を加えることも一般的です。また、ダイレクト・メールやカタログ、Eメールや電話を使った「**ダイレクト・マーケティング**」を加えることもあります。

これらは、どれかひとつだけ行なえばよいというものではありません。いろいろな方法を、効果的に組み合わせることが大切です。

さまざまなコミュニケーションを組み合わせて、顧客とよいコミュニケーションをとることを「**コミュニケーション・ミックス**」といいます。

65

データにあらわれない要素も分析する
――ライフスタイル分析

人には「サイコグラフィック特性」がある

サービス・マーケティングの７Ｐには、「**人**」（**ピープル**）というＰがあります。主にサービスを提供する人と、顧客のことです。

人の分類や分析はむずかしいものです。性別や年齢といった要素で分類・分析することは比較的、簡単ですが、それだけでは理解できないことがあります。

たとえば、年齢・性別・収入といった要素は同じなのに、購買行動はまるで異なるといったケースなどがあるからです。

年齢・性別・職業など、数字などであらわすことができたり、簡単に分類できる要素を「**デモグラフィック特性**」といいます。人口統計学的特性といった意味です。

デモグラフィック特性は、マーケティングでもよく利用されるデータです。扱いが簡単で、あらわしやすいという特徴があります。

一方、ライフスタイルや価値観といったものは、数字ではあらわせないし、分類もむずかしいでしょう。このような要素は、「**サイコグラフィック特性**」といいます。心理学的特性という意味です。

デモグラフィック特性が同じでも、購買行動が変わったりするのは、このサイコグラフィック特性が異なるからです。

「ライフスタイル分析」とはどういうものか

サイコグラフィック特性を分析する方法は、マーケティングでもさかんに研究されています。そのひとつが「**ライフスタイル分析**」です。

ライフスタイル分析では、生活様式や日常の行動などを基準に消

ライフスタイル分析とは

デモグラフィック特性（例）	⇔	サイコグラフィック特性（例）	⇒	ライフスタイルの分類（例）
●年齢 ●性別 ●職業 ●居住地域 ●未婚、既婚の別 ●家族構成 ●経済状態 など		●ライフスタイル ●価値観 ●消費スタイル ●趣味 ●興味関心 ●習慣 ●ロイヤルティ ●パーソナリティ（性格） など		●価値観 ●購買行動 ●生活習慣 ●本人の目標 ●休日の過ごし方 ●社会的活動 ●ブランド嗜好 ●クルマの嗜好 など

費者を分類し、各分類の価値観や心理的なニーズを把握して、マーケティングに役立てます。

ライフスタイル分析にもいくつかありますが、たとえば「**AIOアプローチ**」という代表的な手法では、アクティビティズ（A＝活動）、インタレスト（I＝興味・関心）、オピニオン（O＝意見）という３つの視点から消費者の行動を分析します。

「A＝活動」とは、どんな活動に時間を使っているかということです。また、「I＝興味・関心」は、どんな事柄に興味・関心を持っているか、「O＝意見」は、世の中で起こる出来事にどんな考えを持っているかをあらわします。

これらを質問の形にして、その回答から消費者の行動を分析するわけです。

このようなライフスタイル分析によって、消費者のニーズをより深く把握したり、購買行動を予測したりすることができます。

「ＡＩＤＭＡモデル」「ＡＩＳＡＳモデル」とは

本文では５Ａ理論という購買行動モデルを紹介しましたが（☞134ページ）、購買行動モデルの古典的なものとして「**ＡＩＤＭＡモデル**」があります。

アメリカで販売や広告の本を執筆していたローランド・ホールという人が、1920年代に提唱したものです。

ＡＩＤＭＡ（アイドマ）モデルでは、人は「Ａ（Attention＝注目）→Ｉ（Interest＝興味）→Ｄ（Desire＝欲求）→Ｍ（Memory＝記憶）→Ａ（Action＝行動）」の５段階のプロセスで購買にいたるとされます。すぐには買わず、いったん記憶するところが特徴です。

すぐに買うとすると、Ｍが外れて「ＡＩＤＡ（アイーダ）モデル」になります。

ＡＩＤＭＡモデルに対して、2000年代に日本の広告代理店、電通などが、ネット上の購買行動として発表したのが「**ＡＩＳＡＳ**（アイサス）**モデル**」です。

Ａ（注目）とＩ（興味）は同じですが、ネットユーザーは興味をもったら、まず検索（Search）します。そして、ほしいと思ったらすぐに行動（Action）に出るものです。ネット上では、その場で注文から、決済までできます。

そして、商品を使ってみた後は、カスタマー・レビューやＳＮＳへの投稿で、他のユーザーとシェア（Share）するわけです。

5章

経営戦略を実行に移す
——管理と評価の手法

経営戦略を実行できる組織に変えていきましょう。

66

実行の前に「組織」をチェックする
——マッキンゼーの7Ｓ

「マッキンゼーの7Ｓ」とは

どんな経営戦略でも、実行するのは会社という組織です。会社の組織を、戦略を実行できるようにコントロールし、必要なら変えていかなければなりません。

そうした、組織運営と組織変革を進めるためのフレームワークとして、有名なものに**「マッキンゼーの7Ｓ」**があります。アメリカのコンサルティング会社、マッキンゼー・アンド・カンパニーが提唱したものです。

マッキンゼーの7Ｓとは、右の図のような英語のＳを頭文字とする7つの経営資源のことをいい、**「ハードウェアの3Ｓ」**と**「ソフトウェアの4Ｓ」**があります。

ハードウェアの3Ｓのうち、**「戦略」**は事業の方向性を決める基盤となるものです。**「構造」**は組織構造をいい、組織の形や構造をさしています。**「システム」**は、経営のシステムの意味で、人事や会計などの組織のしくみのことです。

ソフトウェアの4Ｓには、社員に**「共有された価値観」**、社風や組織文化といった**「スタイル」**、人材の能力を示す**「スタッフ」**、営業力、技術力などの**「スキル」**の4つがあります。

ハードは変えやすく、ソフトは変えにくい

ハードウェアの3Ｓは、比較的短時間で、戦略にそったものに変革することが可能とされています。文書化されたり、規程で定められたりしているので、その変更によって周知徹底できるからです。

一方、ソフトウェアの4Ｓは、変えることや、コントロールする

マッキンゼーの７Ｓとは

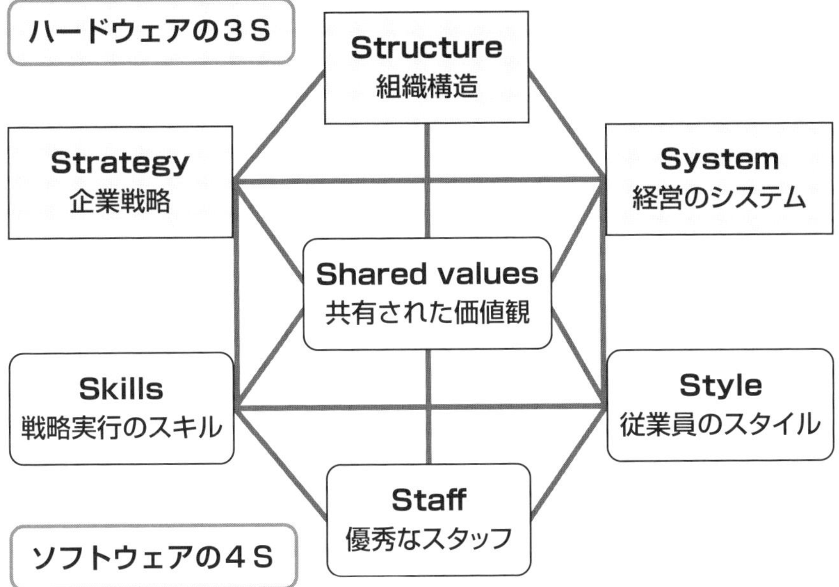

ことが簡単ではありません。

マッキンゼーの７Ｓは、戦略を成功させるためには、コントロールしやすいハードウェアだけでなく、ソフトウェアを含めた、全体の整合性が重要だということを示すものです。

つまり、会社の基本的な企業戦略を明確に定め（戦略）、その戦略にそった組織構造に変え（構造）、人事や財務といった経営のシステムを整備します（システム）。

と同時に、社員が同じ価値観を持つように（共有された価値観）、また共通する仕事のスタイルを持つように（スタイル）、戦略を実行するスキルを持つように（スキル）、変えていかなければなりません。そのためには、優秀な人材（スタッフ）の参加も重要です。

このように、マッキンゼーの７Ｓは、戦略の実行が成功するために、またその計画を立てるために、何と何が必要で、何が重要かを示しているのです。

67

財務以外の視点からも会社を評価する
——バランスト・スコアカード①

4つの視点から企業の業績を評価する

企業の業績評価は、財務的な指標、たとえば売上高や利益などの指標をもとに行なうのが一般的です。もちろん、財務指標は業績評価として最も重要なものですが、会社の経営は財務面だけで評価されていいものではありません。

より多面的に、財務以外の要素も見る必要があります。

そのような考え方から開発されて、日本の企業にも広がっているのが「**バランスト・スコアカード**」です。1990年代に、アメリカのハーバード・ビジネススクール教授のロバート・キャプランと、経営コンサルタントのデビット・ノートンによって提唱されました。

ちなみに、スコアカードは、ゴルフやボウリングの成績を書き込むカードのことです。

バランスト・スコアカード（ＢＳＣ）では、右の図のように「**財務の視点**」のほか、「**顧客の視点**」「**業務プロセスの視点**」「**学習と成長の視点**」の、計４つの視点から企業を分析します。

4つの視点はどのようなものか

４つの視点は、それぞれ次のような視点から企業を分析します。

①財務の視点

財務的な業績を上げるために、株主をはじめ、債権者や取引先、従業員などの利害関係者に対して、どのように行動するべきかという視点です。財務の視点の指標としては、売上高、利益額・率や、それらから求められる財務指標が用いられます。

②顧客の視点

戦略を達成するために、顧客に対してどのように行動するべきか

ＢＳＣの４つの視点とは

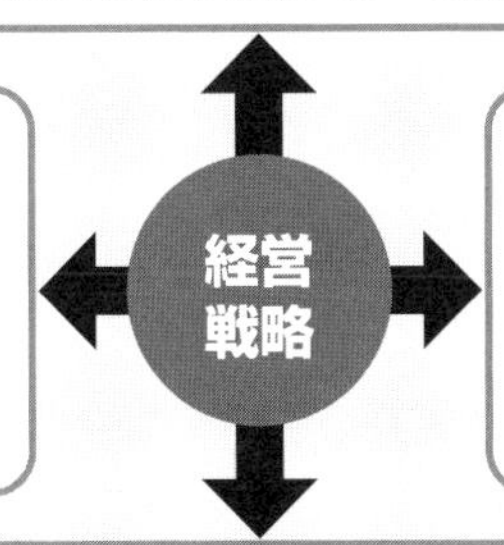
財務の視点
財務的な業績を上げるために、株主などに対してどのように行動するべきか
顧客の視点
戦略を達成するために、顧客に対してどのように行動するべきか
経営戦略
業務プロセスの視点
株主、顧客などを満足させるために、どのような業務プロセスを構築・運用するべきか
学習と成長の視点
戦略達成のために、どのようにして改善と変化に対応できる能力を維持するか

という視点です。顧客の視点の指標としては、顧客満足度、市場シェア、顧客のリピート率などが用いられます。

③業務プロセスの視点

株主などの利害関係者と顧客、すなわち財務の視点と顧客の視点からの評価を向上させるために、どのような社内の業務プロセスを構築して、運用するべきかという視点です。

業務プロセスの視点の指標としては、受注から納品までの時間、問い合わせなどへの応答時間、不良品の率などがあります。

④学習と成長の視点

戦略を達成するために、生産性を高める改善ができる従業員の能力や、それにともなう変化に対応できるモチベーションをどのようにして維持し、高めるべきかという視点です。指標としては、従業員満足度や定着率などがあります。

68 戦略目標の設定から行動計画まで
——バランスト・スコアカード②

4つの視点はそれぞれがつながっている

バランスト・スコアカードの4つの視点は、無関係にバラバラのものではありません。それぞれが直接・間接に、何らかの形で結びつき、つながっています。

わかりやすい例をあげると、右の上図のようなものです。「**学習と成長**」が「**業務プロセス**」の改善につながり、業務プロセスの改善が「**顧客**」の顧客満足度向上につながります。

顧客満足度の向上は、リピート率の向上につながり、売上の増大すなわち「**財務**」につながるわけです。

バランスト・スコアカードは経営管理手法でもある

バランスト・スコアカードは、業績評価のシステムであると同時に、経営管理の手法でもあります。戦略を達成するための目標の設定・成功要因の設定・指標の設定・数値目標の設定・行動計画の立案までが、作成のプロセスに組み込まれているからです。

右の下図がバランスト・スコアカードの形ですが、縦の項目に4つの視点が並べられています。そして、横の項目は、戦略目標の設定からアクションプランに至るプロセスです。

まず、4つの視点それぞれに戦略目標を設定します。たとえば財務なら、「売上増大」という具合です。

次に、戦略目標を達成するためのＫＳＦを設定します。「**ＫＳＦ**」とは、日本語で「**主要成功要因**」、戦略が成功する条件のようなものです（☞58ページ）。たとえば、戦略目標が売上増大なら、「リピーターの獲得」などになります。

ＫＳＦは、具体的な数値ではないので、次に設定するのが業績の

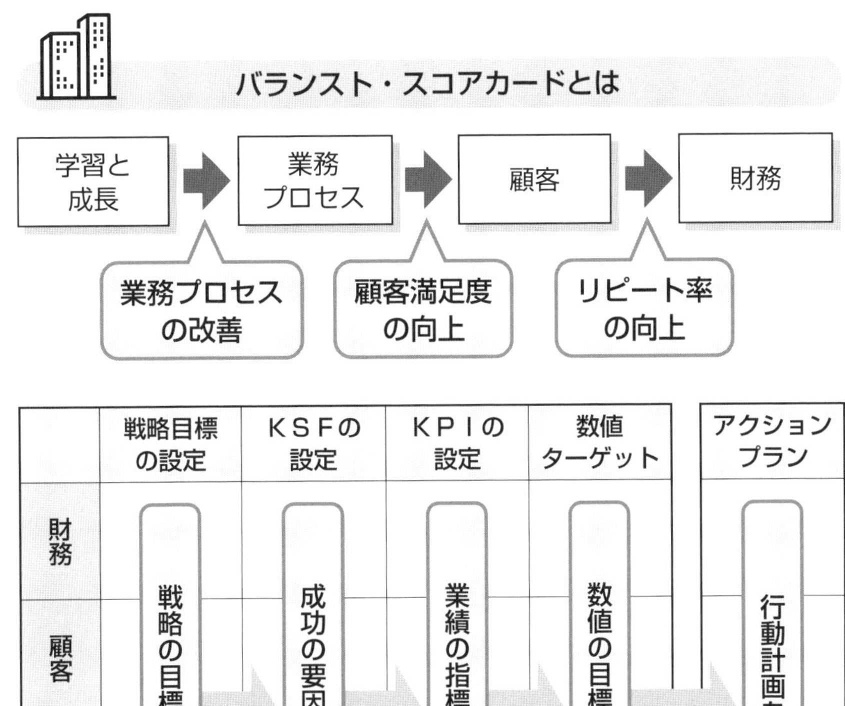

数値的な指標です。「**KPI**」(**重要業績評価指標**)や、「**KGI**」(**重要目標達成指標**)を設定します(☞166ページ)。

たとえば、KSFがリピーターの獲得なら、KGIは「リピーターの売上○○万円」という具合です。ただしKGIは、売上が伸びない場合でも、KGIから対策を考えることはできません。

そこでKPIとして、たとえば「リピート率○%」を設定して中間目標とし、KGI達成のためのリピート率向上をはかるわけです。

このKGI、KPIから、アクションプランは、たとえば「リピート率向上」のための具体的な施策などになります。

69

計画実行の「業務連鎖」をつくる
——オペレーション・マネジメント

オペレーションは「業務連鎖」のこと

具体的なアクションプランができても、実行されなければ意味がありません。戦略を実行するのがオペレーションです。

「**オペレーション**」という用語は、業種や業務の内容によって、いろいろな意味で使われますが、一般的には右の図のような業務のことをいいます。一つひとつの業務がつながり、連携して、全体として経営戦略を実行に移していくものです。

ですからオペレーションは、単なる「業務」ではなく、「**業務連鎖**」と言い換えられます。優れた業務連鎖は、顧客が求めるものをより早く、より安く開発して生産し、顧客に提供します。

そのようなしくみをつくり上げる取組みが、「**オペレーション・マネジメント**」と呼ばれるものです。オペレーション・マネジメントには、次のような機能が必要とされます。

- **業務計画**：生産計画、生産のモニタリング、在庫管理　など
- **財務**：予算の配分と管理、予算の作成　など
- **製品デザイン**：市場調査、デザイナーのサポート　など
- **品質管理**：品質基準の設定、品質テスト、ロスの記録　など
- **予測**：需要予測、営業活動の計画、コストの予測　など
- **戦略管理**：生産体制の改善、コスト管理　など
- **サプライチェーン・マネジメント**：(☞次項)

「オペレーショナル・エクセレンス」は競争優位性

このようなオペレーション・マネジメントは重要です。優れた業

オペレーション・マネジメントとは

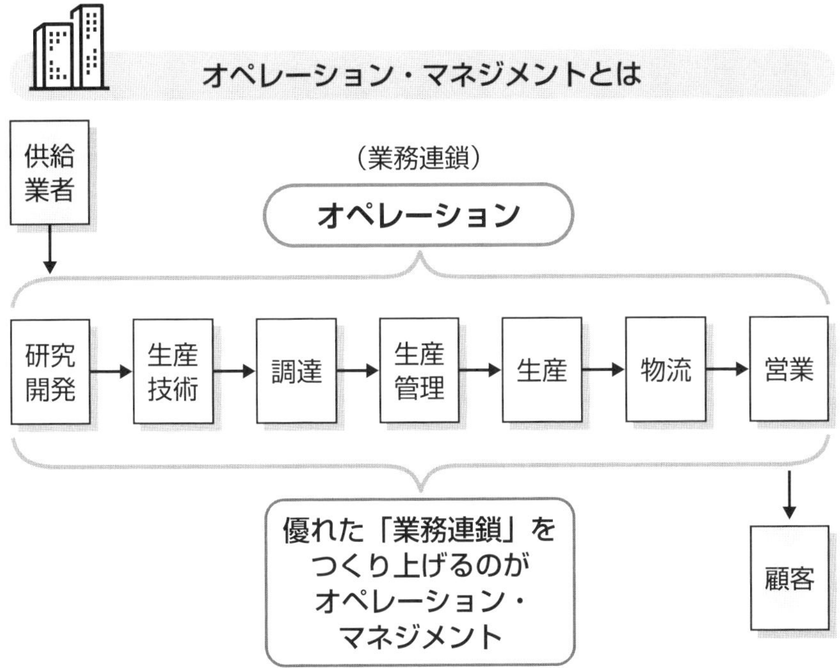

務連鎖をつくり上げることを、アメリカ・ミシガン大学のデイビット・ウルリッチは「**オペレーショナル・エクセレンス**」と呼びました。業務連鎖が、**競争優位性**（☞36ページ）にまで達していることをいいます。これは、競合他社も簡単にはマネをすることができない優位性です。

戦略は、他社にマネをされることもあるし、より有効な戦略を打ち出されることもあります。しかし、オペレーショナル・エクセレンスにまで達していると、他社も簡単にマネはできないし、ましてや、より優れた業務連鎖をつくり出すことは困難です。

オペレーショナル・エクセレンスによる競争優位性は、競争戦略によるものより、揺らぎにくい優位性といえます。

そのため、経営戦略をどのように実行に移すか、言い換えると、どのようなオペレーション・マネジメントで、どれだけ優れた業務連鎖をつくり上げるか、その戦略をとくに「**オペレーション戦略**」と呼ぶことがあります。

70 連鎖を川上、川下にも広げる
――サプライチェーン・マネジメント

供給連鎖の全体までも最適化する

オペレーション・マネジメントは、あくまでもひとつの会社のなかで、優れた業務連鎖をつくり上げるものですが、連鎖を会社の外に広げる考え方もあります。

伝統的な流通の考え方では、流通はメーカーから始まり、卸売業者、小売業者をへて顧客に届くものです。

これを広げて、流通の川上はメーカーに部品を供給する業者から、さらにその部品の原材料の供給業者まで。川下はエンドユーザーである顧客までも含めて、ひとつの連鎖ととらえる考え方ができます。それが「**サプライチェーン**」（**供給連鎖**）です。

サプライチェーンでは、右の図のように、モノや業務は供給業者から顧客に向かって流れますが、情報やお金は、発注や代金という形で、顧客から供給業者に向かって流れます。

そこで、サプライチェーンを構成する全員が情報を共有すると、連鎖の全体を最適化することが可能です。このような管理手法やシステムを「**サプライチェーン・マネジメント**」といいます。

もちろん、１社が取り組むだけで、できることではありません。

川上は源流となる原材料の供給業者から、川下は末端となる顧客まで、その間をつなぐ流通業者も含めて、サプライチェーン全体で取り組む必要があります。

とくに、顧客を連鎖のひとつととらえるのは、サプライチェーン・マネジメントの大きな特徴です。顧客までも含めて情報を共有し、チェーン全体でムダなコストや時間を省いて、最適化をめざすのがサプライチェーン・マネジメントといえます。

「サプライチェーン・マネジメント」とは

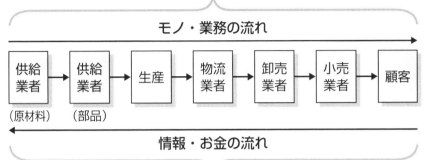

コストの削減や売上の増大も期待できる

サプライチェーン・マネジメントがきちんと機能すると、まず目に見える効果が**在庫の圧縮**です。

在庫の圧縮は、ただちに在庫費用の圧縮につながりますから、原材料の供給業者から小売業者に至るまで、サプライチェーンの全事業者の段階でコストの削減が可能になります。

また、在庫切れによる売り損じなどを防ぐ効果も期待できるでしょう。ムダな時間を省くことからは、納期の短縮なども期待できます。

在庫切れの防止や納期の短縮は、顧客満足度の向上にもつながり、売上の増大につなげることが可能です。

このように、サプライチェーン・マネジメントからは、在庫の圧縮や納期の短縮、それらによるコストの削減と利益率の向上、顧客満足度の向上による売上の増大などが期待できます。

71

「ボトルネック」を解消して生産性の向上を
——制約条件の理論

生産工程における「ボトルネック」とは

オペレーションやサプライチェーンについて考える際に、知っておきたい理論があります。

たとえば、工場などの生産量でいうと、工場全体としての生産量は、右の図のように、最も生産能力が低い工程の生産量で決まるということです。

この工程のことを「**ボトルネック**」といいます。ボトルネックとは、文字どおりボトルの首のくびれた部分のことですが、英語では「障害になる部分」などの意味があります。

この障害になっている工程以外の、他の工程の生産能力が高くても、また、他の工程の生産能力を高くしても、工場全体としての生産量は増えません。工場全体としての生産量を増やそうとしたら、ボトルネックの生産能力を高くする必要があります。

この考え方が「**制約条件の理論**」（**ＴＯＣ**）です。イスラエルの物理学者、エリヤフ・ゴールドラットが『ザ・ゴール』という著書のなかで提唱しました。

ＴＯＣでは、継続的改善プロセスの基本的なフレームワークとして次の「**５段階集中ステップ**」があります。

①制約条件を見つける
②制約条件を最大限に活用する
③制約条件以外を制約条件に従わせる
④制約条件を強化する
⑤制約条件が解消したら①から繰り返す

MEMO　ＴＯＣ：「制約条件の理論」は原文ではTheory Of Constraints。略してＴＯＣとなる。

「制約条件の理論」とは

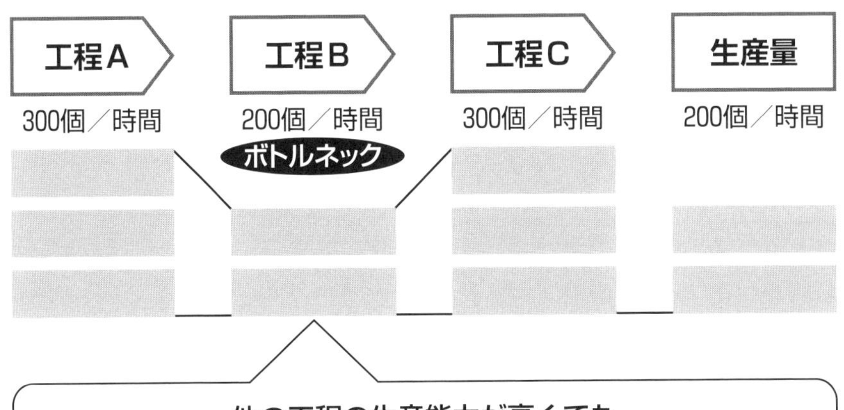

他の工程の生産能力が高くても
全体の生産量は最も低い工程で決まる

5段階集中ステップとはどういうものか

それでは、5段階集中ステップを見ていきましょう。

ステップ①、まず「制約条件」を見つけます。ステップ②の「最大限に活用する」というのは、制約条件を解消する方針を決めて、最大限に活用できるようにすることです。

ステップ③の「制約条件以外を制約条件に従わせる」は、制約条件を解消する方法を実行して、制約条件以外が制約条件と同じ能力になることをさします。

ステップ④の「強化する」は、制約条件になっていたものの能力を高めるなどして、定着させることです。

制約条件を解消すると、それによって別の制約条件が生まれたりします。そこで、ステップ⑤から①に戻って繰り返しますが、その際に、繰り返しが惰性的にならないよう、「惰性に気をつけて」と注意が添えられています。

MEMO **5段階集中ステップ**：原文では5Focusing Steps、「5つのフォーカスするステップ」の意味。ゴールドラットは「フォーカス」が重要だと述べている。

72

業績を評価する２つの代表的な指標とは
——ＫＧＩとＫＰＩ

ＫＧＩ、ＫＰＩとは

業績評価の指標としては、「**ＫＧＩ**」と「**ＫＰＩ**」という指標がよく利用されます。

ＫＧＩとは「キー・ゴール・インジケーター」の略で、日本語では「**重要目標達成指標**」です。最終的に達成する目標をあらわす指標で、たとえば「次月の売上○○万円」などと、具体的な数値で示します。

しかしＫＧＩは、思ったように売上が伸びない場合でも、ＫＧＩから直接、対策を考えることはできません。売上○○万円を達成するには、具体的に何をしたらよいかは、示されないわけです。

そこで、ＫＧＩとは別にＫＰＩを定めます。ＫＰＩは「キー・パフォーマンス・インジケーター」の略。日本語にすると「**重要業績評価指標**」です。

ＫＧＩとＫＰＩは，施策の効果が簡単に測定できるデジタル・マーケティングでは、とくによく利用されています。そこでここでは、ＥＣサイトの例で考えてみましょう。

たとえば、ＥＣサイトでのＫＧＩの売上は、右の上図のように、「訪問者数」「購入率」「注文単価」の掛け算で計算できます。そこで、この３つをＫＰＩとして設定します。訪問者数○○人、購入率△△％、注文単価××円と設定するわけです。

すると、ＫＧＩである売上が目標金額に達していない場合、ＫＰＩのどの指標が目標に達していないかがわかります。たとえば、訪問者数が足りていないのなら、訪問者数を増やす施策をとるといった具合に、対策を考えることも可能です。

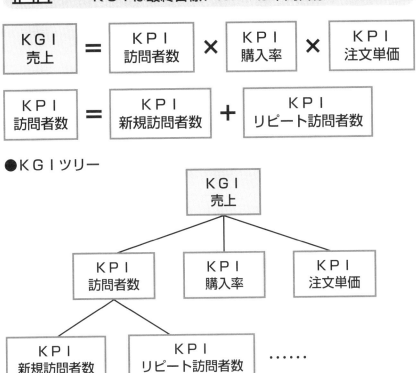

KGIは最終目標、KPIは中間目標

KGI 売上 ＝ KPI 訪問者数 × KPI 購入率 × KPI 注文単価

KPI 訪問者数 ＝ KPI 新規訪問者数 ＋ KPI リピート訪問者数

●KGIツリー

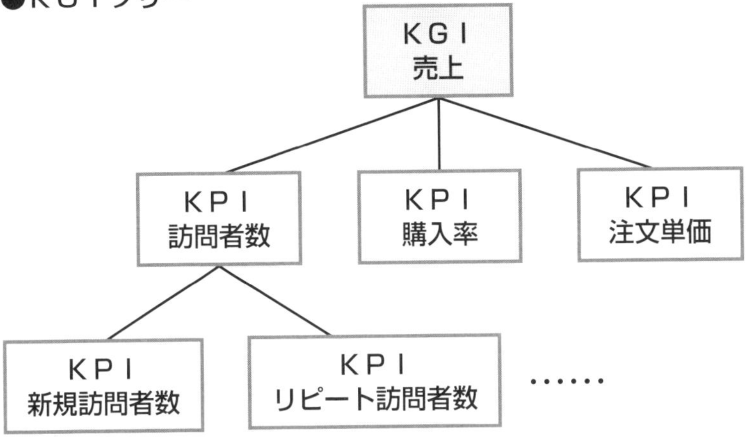

KGIを分解するとKPIがわかる

ＫＧＩとＫＰＩは、以上のような関係にあります。ＫＧＩは最終目標（ゴール）であり、ＫＰＩは最終目標の達成度を測る中間目標のような位置づけです。

適切なＫＰＩを設定するには、図のいちばん上のＫＧＩの式のように、ＫＧＩを分解してみるとよいでしょう。分解したＫＰＩは2番目の式のように、たとえば訪問者数なら、新規訪問者数とリピート訪問者数に分解するなど、さらに分解することもできます。

これを繰り返すと、下図のような形に広がっていくので、これを「ＫＰＩツリー」といいます。

73

イザというときに備える「事業継続計画」——ＢＣＰ

緊急事態でも事業を継続できる計画

「**ＢＣＰ**」は「ビジネス・コンティニュイティ・プラン」の略で、すなわち「**事業継続計画**」のことです。

自然災害や火災、テロ攻撃など、緊急事態になったときに、損害を最小限に抑えつつ、事業の継続、それがムリなら早期の復旧を可能にする計画のことをいいます。

緊急時に、事業を継続するために必要となる方法・手段や、そのために平常時に用意しておくこと・ものなどを、あらかじめ定めておく計画です。

ＢＣＰを有名なものにしたのは、2011年の東日本大震災の際に、ＢＣＰを策定していた企業が、短期間で事業を復旧させて一般の注目を浴びたことです。

また、記憶に新しいのは、2020年に始まった新型コロナウイルスのパンデミックに際して、時の総理大臣が国会の施政方針演説で、ＢＣＰの確認と遂行を事業者に呼びかけたことでしょう。

この場合は、物理的な損害ではなく、新型コロナで欠勤者が多数出た場合でも、事業を継続しようという趣旨でした。

ＢＣＰを策定して緊急時に運用すると

右の図は、中小企業庁がホームページで公開している「中小企業ＢＣＰ策定運用指針」に掲載されている図から作成したものです。

中小企業庁では、ＢＣＰの策定・運用の目的を、①顧客からの信用を守る、②従業員の雇用を守る、③地域経済の活力を守る、としています。

BCP（事業継続計画）の目的とは

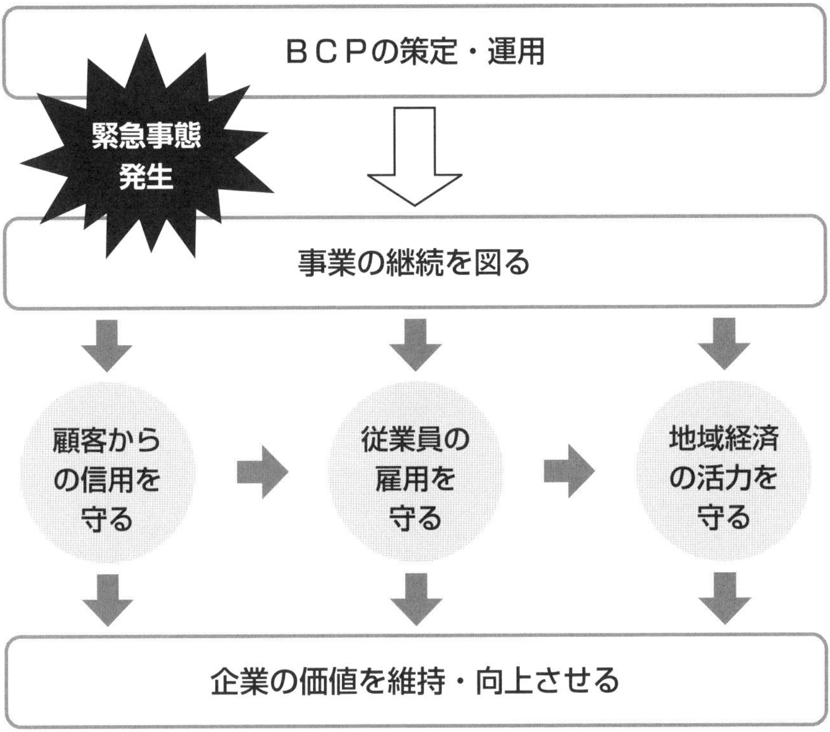

（中小企業庁ホームページ「中小企業ＢＣＰ策定運用方針」より作成）

たしかに、ＢＣＰを策定して、緊急時に事業を継続したり、早期に復旧できれば、顧客からの信頼、従業員の雇用、地域経済の活力などを維持することが可能です。

その後、早期に事業を被災前の水準に戻すことができれば、顧客の信頼もさらに増して、事業を被災前より拡大することも期待できるでしょう。図のいちばん下にあるように、企業価値の維持・向上が可能になるわけです。

もっとも、いちばんよいのは、ＢＣＰを発動するような緊急事態に遭遇しないことかもしれません。ＢＣＰを策定して、一度も使ったことがないというほうが、むしろ幸運です。

品質管理とＰＤＣＡを
日本に教えたデミング博士

たぶん、ほとんどの方がご存じのはずの「**ＰＤＣＡ**」。計画（Ｐ＝Plan：プラン）を立てて、実行（Ｄ＝Do：ドゥ）し、その結果を評価（Ｃ＝Check：チェック）したら、改善（Ａ＝Action：アクション）の策を検討して、次の計画にフィードバックするという、業務フローの基本です。

今日の日本では、戦略の実行から経営管理、購買・生産・販売の実務に至るまで、あらゆるビジネスの現場で使われています。

あまりにアチコチで使われていて、当たり前になっているので、誰が言いだしたかわからない「先人の知恵」みたいになっていますが、ネットで検索するとちゃんと、提唱者が出てきます。

その人は、Ｗ・エドワーズ・デミング（1900-1993）。アメリカの統計学者で、「品質管理の父」と呼ばれる人です。ＰＤＣＡはそもそも、生産の品質管理のためのフレームワークだったわけですね。

デミング博士の教えが日本に伝わったのは、著書を通じてではありません。博士は、アメリカ軍の仕事で1950年に来日し、その際に日科技連（日本科学技術連盟）の招待で、技術者や経営者に向けて多数の講義を行ないました。

受講者は数百人にも及び、それが後の高度成長期に、日本製品が世界を席巻する一因になったといわれています。

博士は、品質管理の方法だけでなく、品質の向上によりコストが削減され、生産性と市場シェアが上がることを教えたのです。

さくいん

さ

た

な

は

ま

ら

わ

野上眞一（のがみ　しんいち）

会社勤務を経て、新製品・市場のコンサルティングに従事。主に「マーケティング」「経営数字」などを中心とした書籍の執筆、およびそれらのアドバイスを行なっている。
会社員時代の経験から「すべての仕事にマーケティングを」をモットーとし、「あなたの隣のマーケター」を自認。難解なマーケティング戦略や用語を、普通のビジネスマンや学生にも理解できるよう、かみ砕くことに苦心している。
著書に、『18歳からの「マーケティング」の基礎知識』（ぱる出版）、『図解 経営のしくみがわかる本』『図解でわかるマーケティング いちばん最初に読む本』『図解でわかるデジタルマーケティング いちばん最初に読む本』『図解でわかるマーケティングの基本としくみ』『図解でわかるＥＳＧ いちばん最初に読む本』（以上、アニモ出版）、『マーケティング用語図鑑』（新星出版社）がある。

図解(ずかい)でわかる経営戦略(けいえいせんりゃく)のしくみと活用法(かつようほう)

2024年２月15日　初版発行

著　者　野上眞一
発行者　吉溪慎太郎
発行所　株式会社**アニモ出版**
〒162-0832 東京都新宿区岩戸町12 レベッカビル
TEL 03(5206)8505　FAX 03(6265)0130
http://www.animo-pub.co.jp/

 ISBN978-4-89795-282-6
印刷・製本：壮光舎印刷　Printed in Japan